STUDIOS
TALMA

Collection *Culture Couleur* :

- *Illusions et formes impossibles*, volume 1 ;
- *Animaux mandalas* ;
- *Dans l'Égypte des pharaons* ;
- *Dans la Rome antique* ;
- *Les Capitales d'Asie*...

La majorité des formes présentées a été dessinée par la photographe et designer ukrainienne Hanna Olekseichuk.

Culture Couleur est une collection créée par Patrick Pasin
Composition : Clarice Mainier
ISBN : 978-1-913191-48-1
Dépôt légal : 1er trimestre 2025

Talma Studios
Clifton House, Fitzwilliam St Lower
Dublin 2 – Ireland
www.talmastudios.com
info@talmastudios.com

ILLUSIONS

ET FORMES IMPOSSIBLES

POUR ENRICHIR SON ESPRIT
ET SON REGARD

Volume 2

STUDIOS
TALMA

Commençons par l'alphabet et les chiffres :

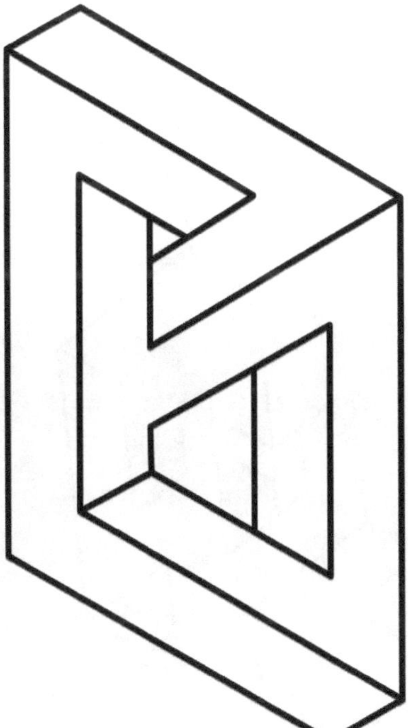

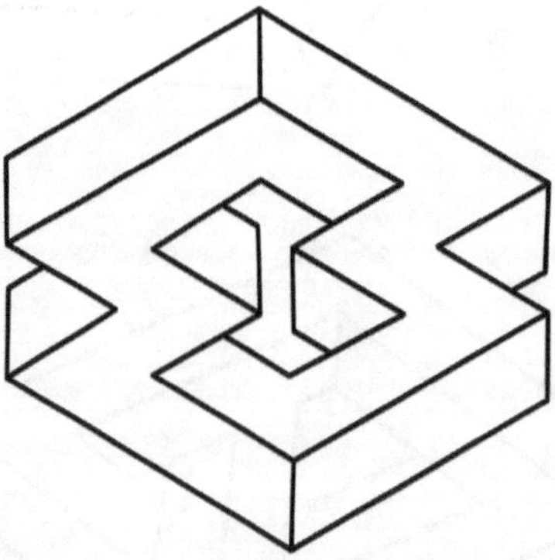

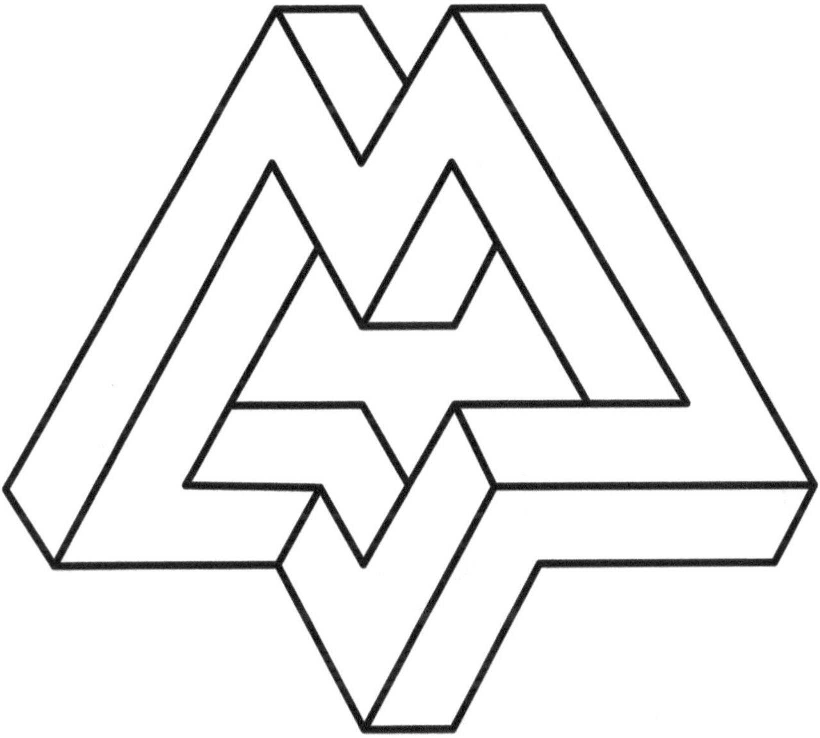

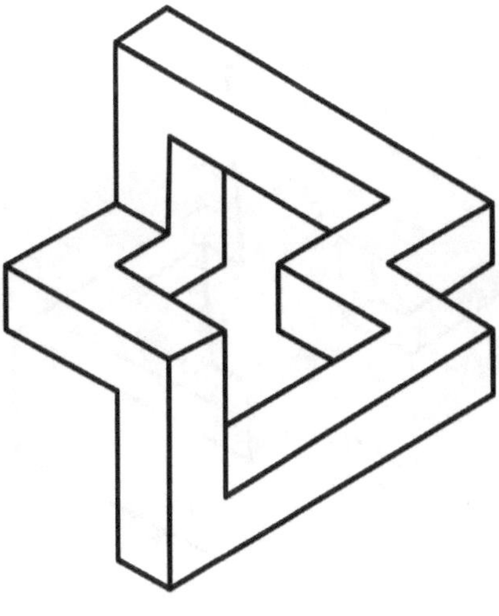

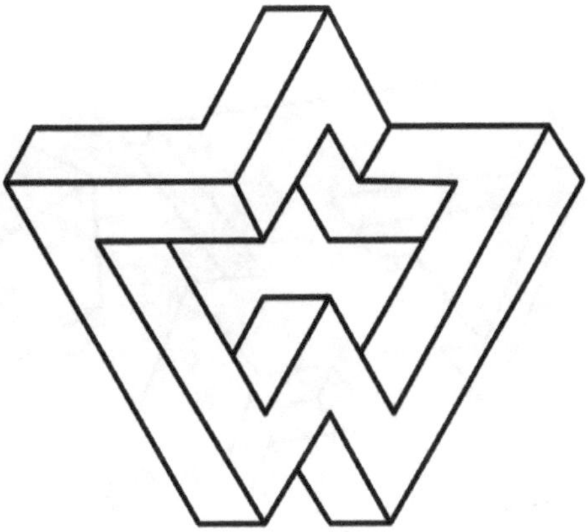

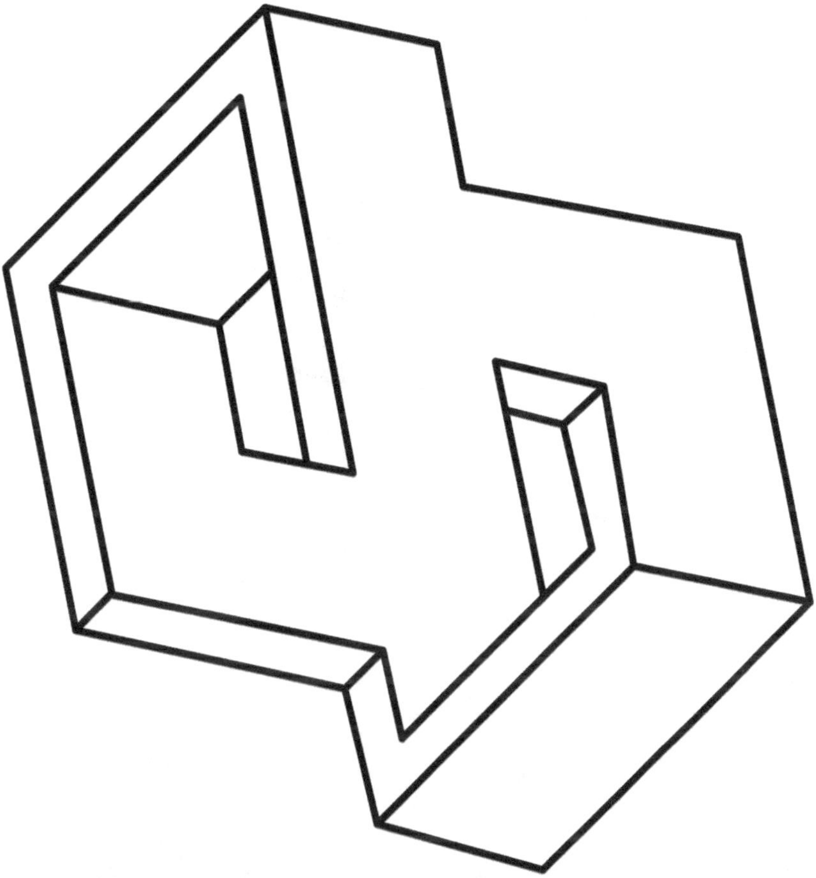

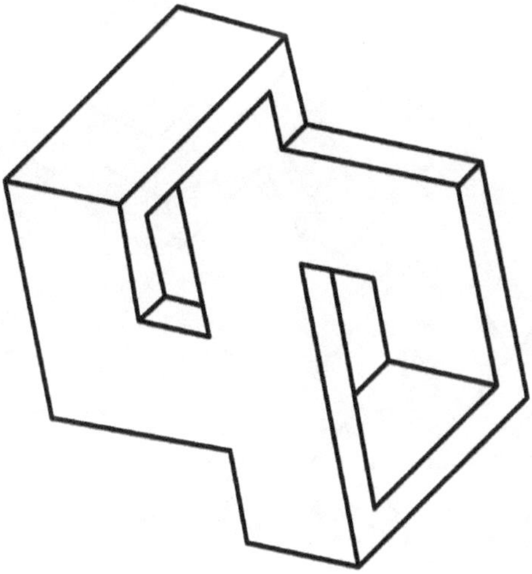

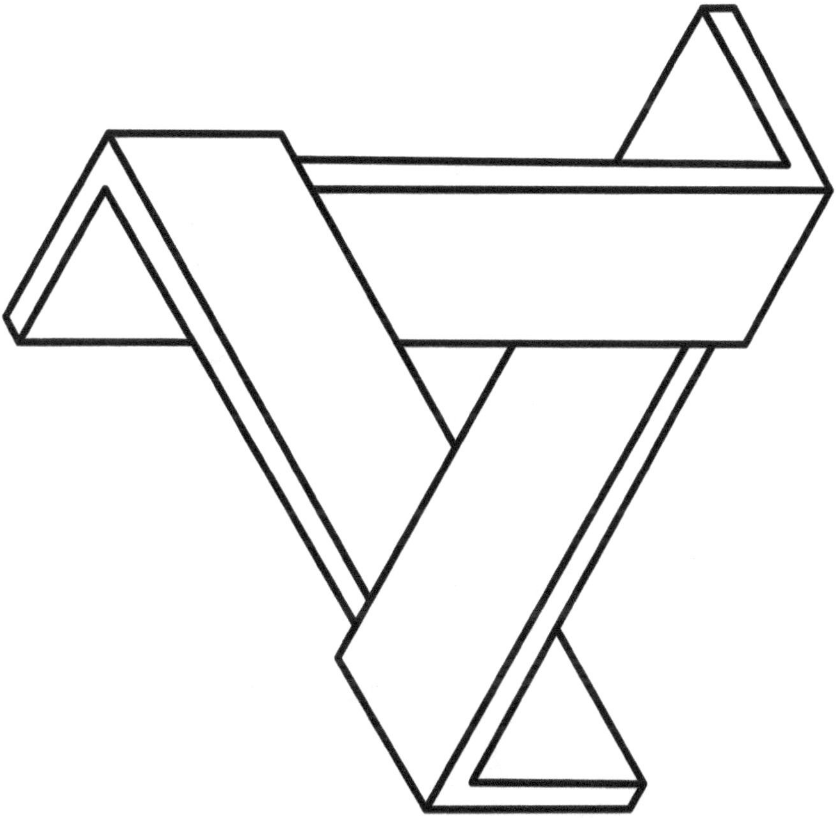

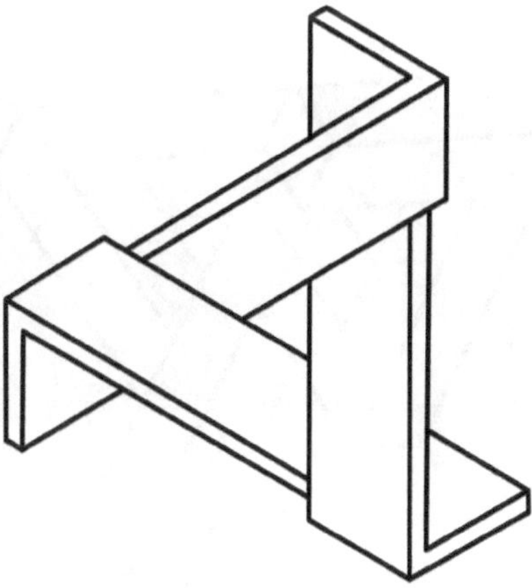

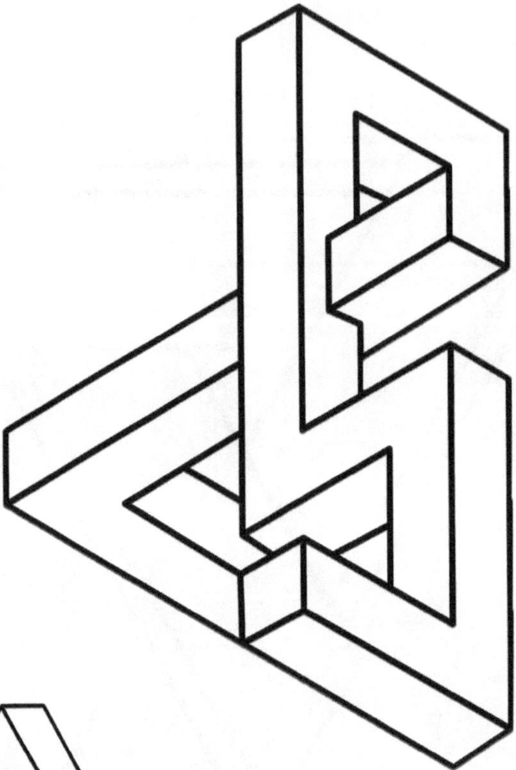

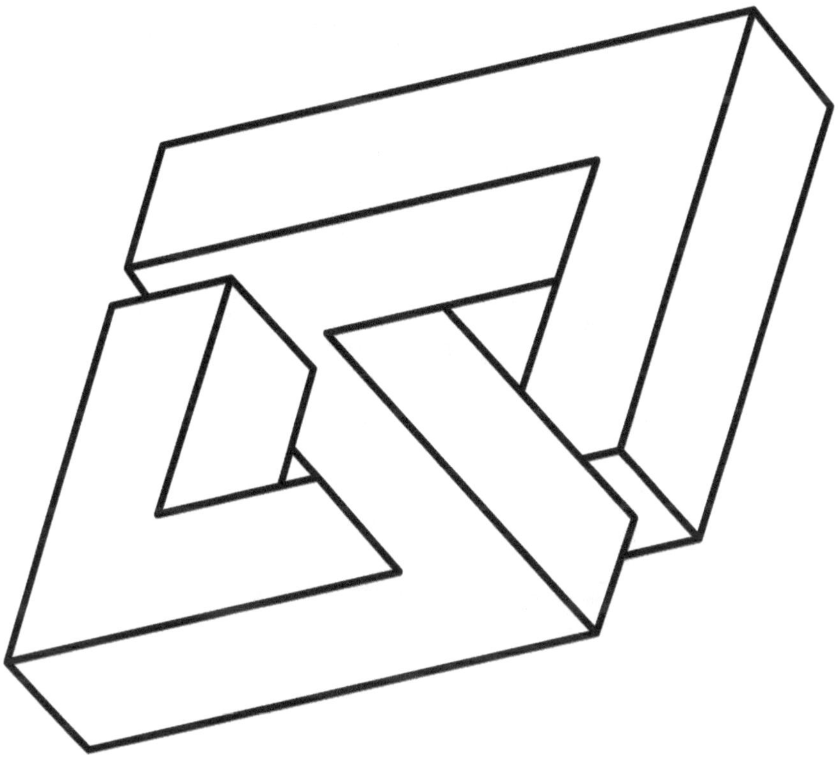

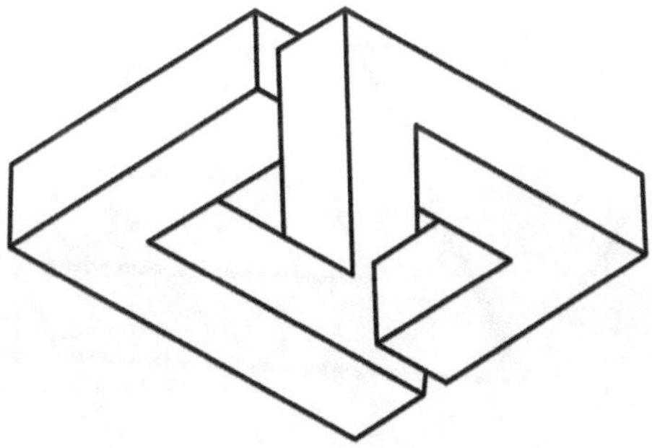

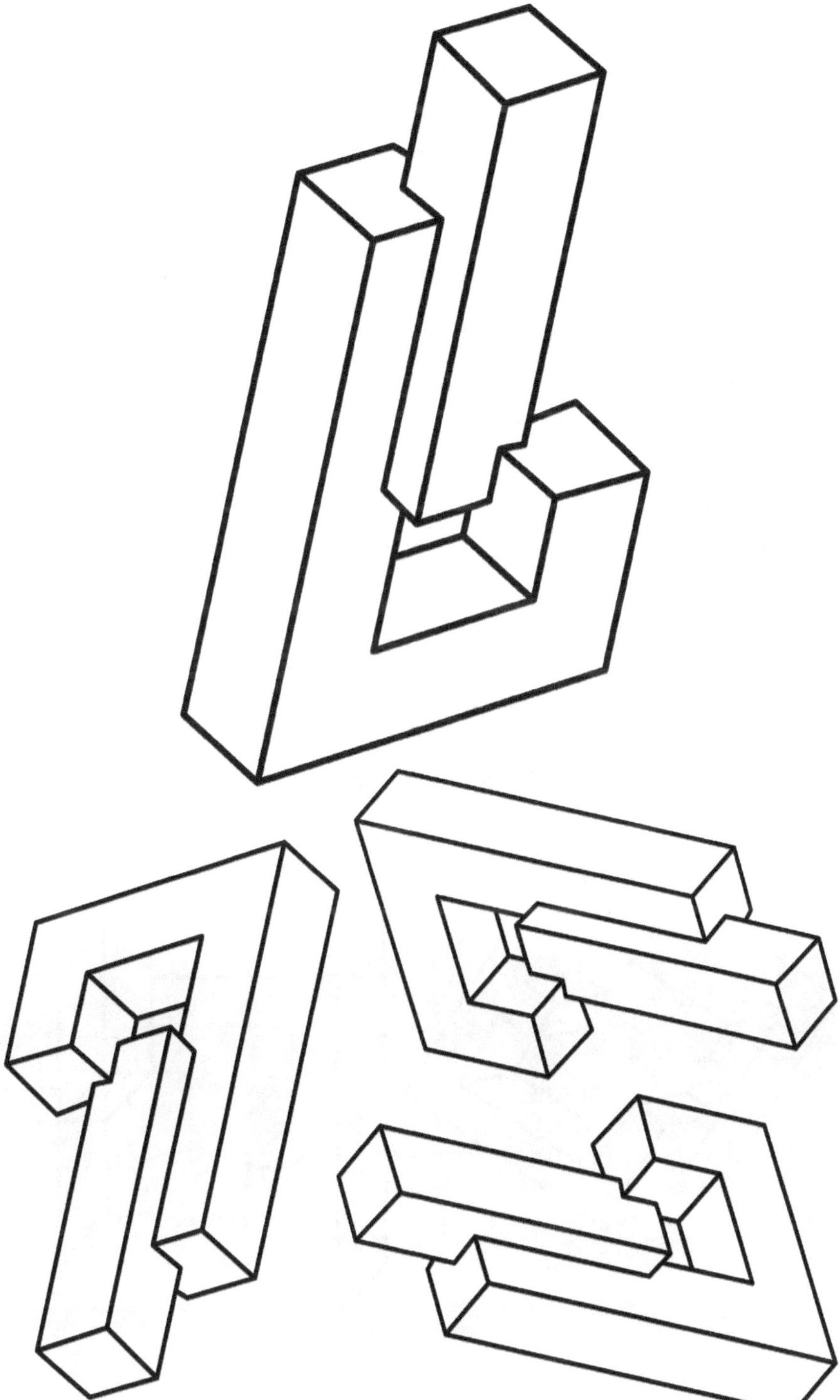

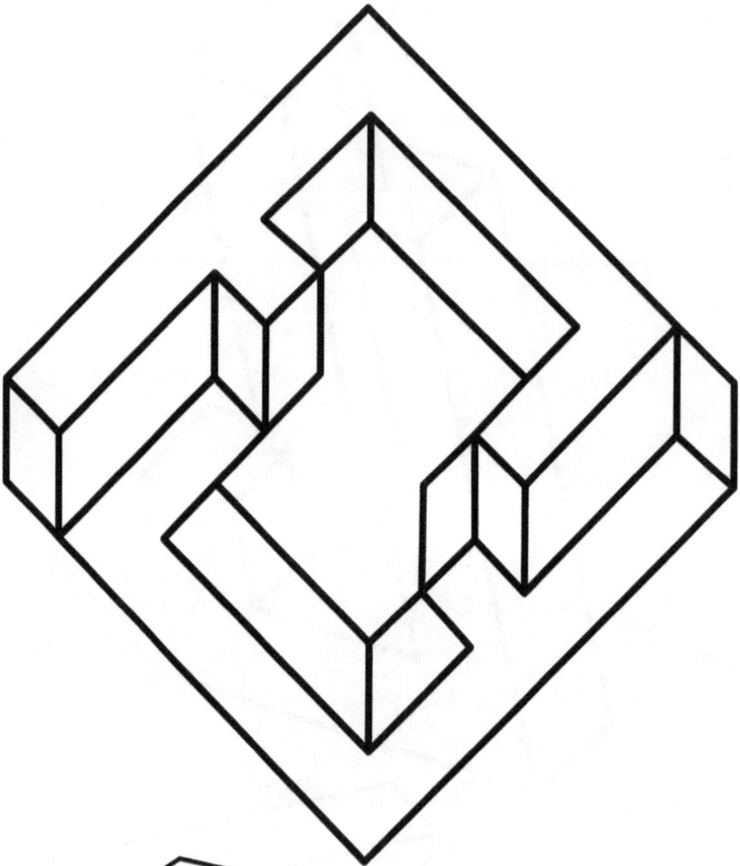

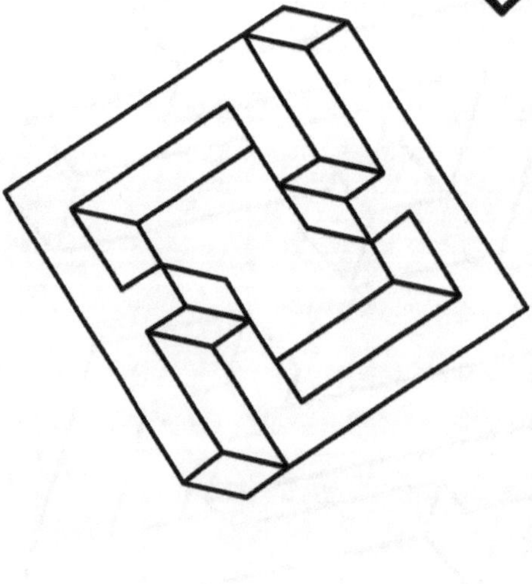

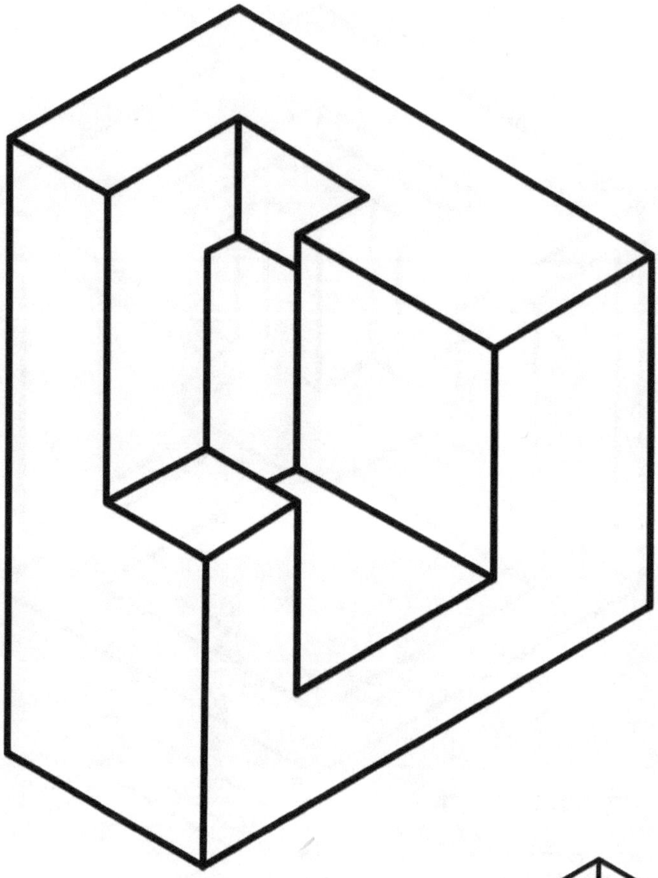

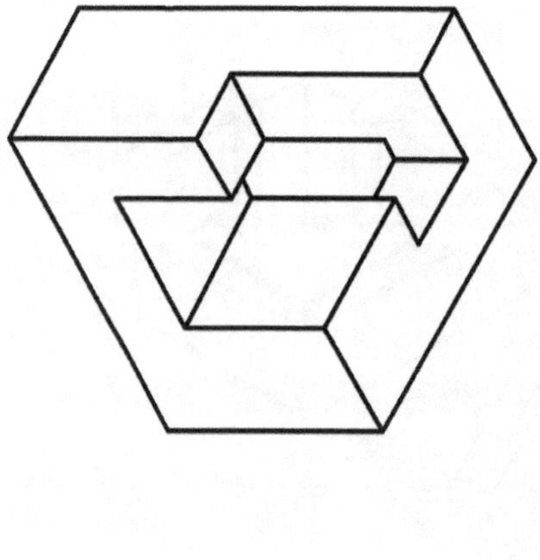

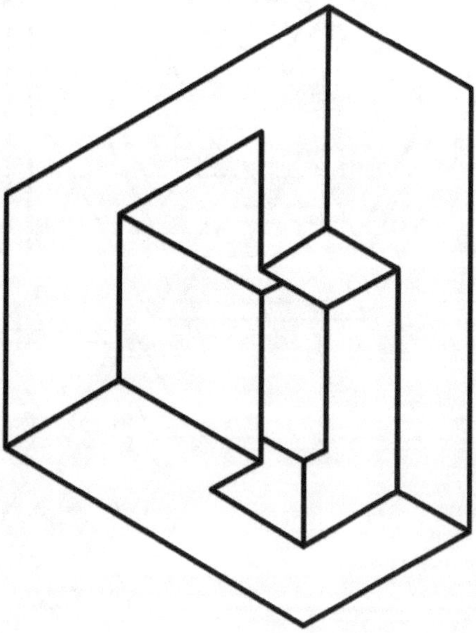

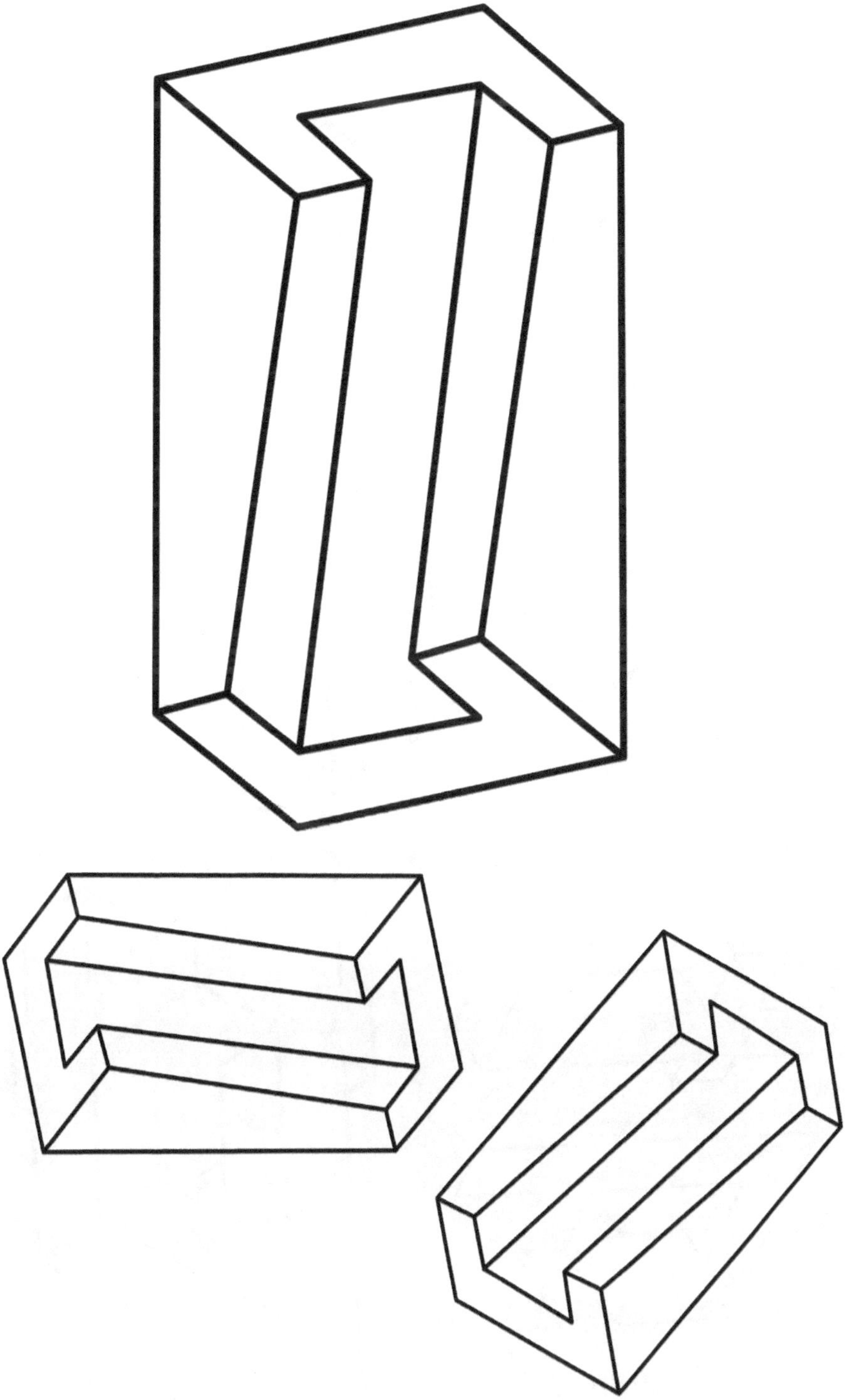

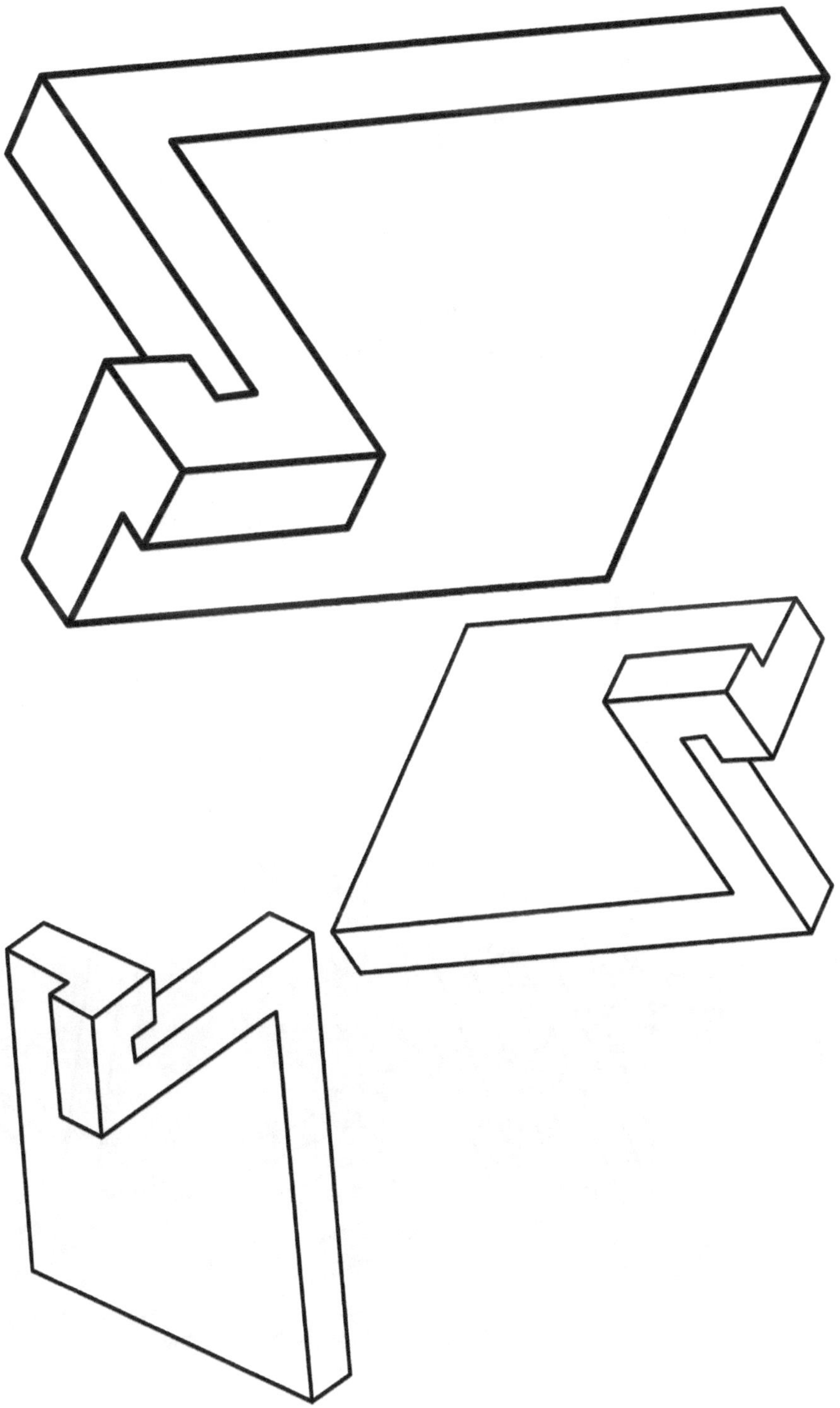

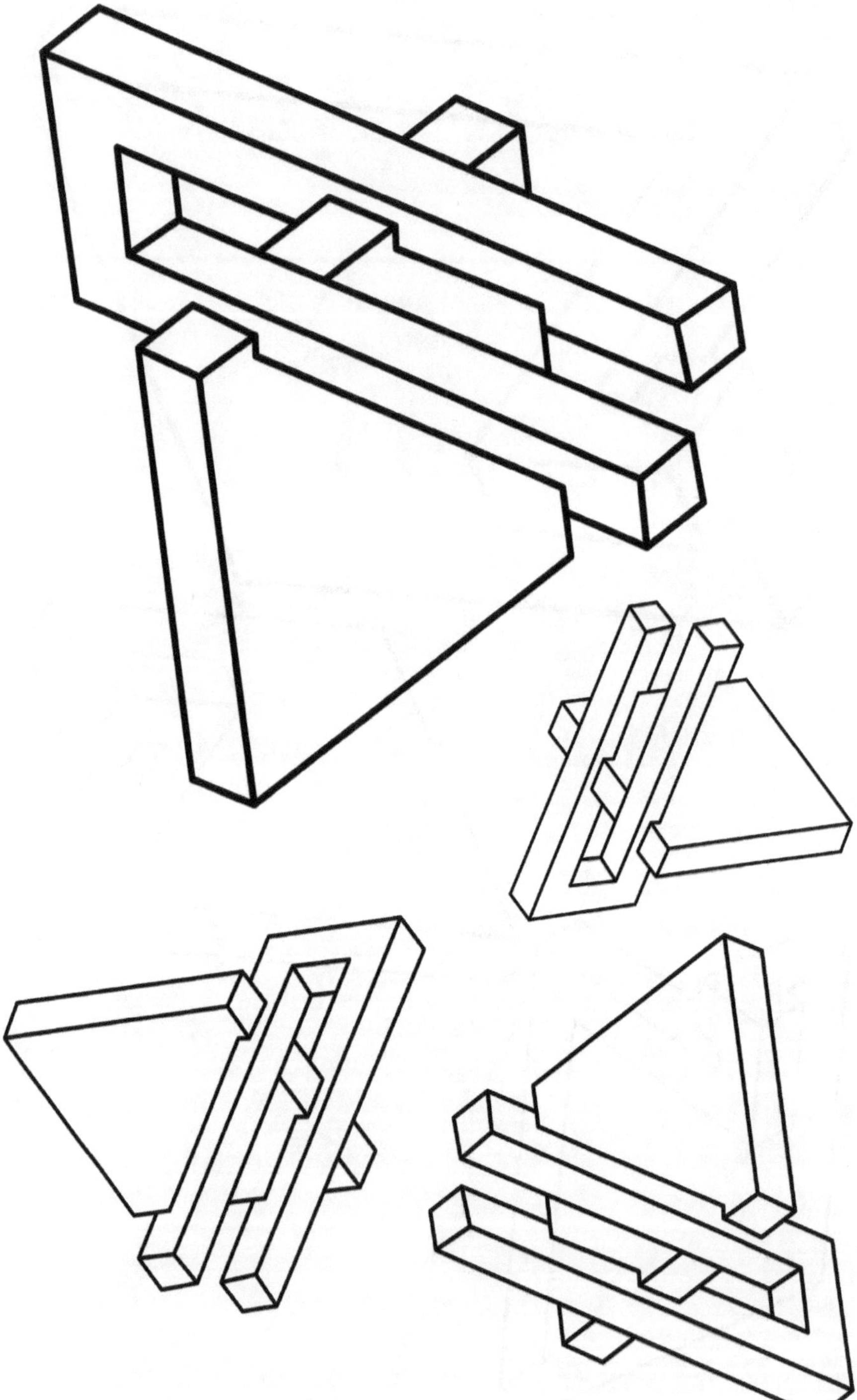

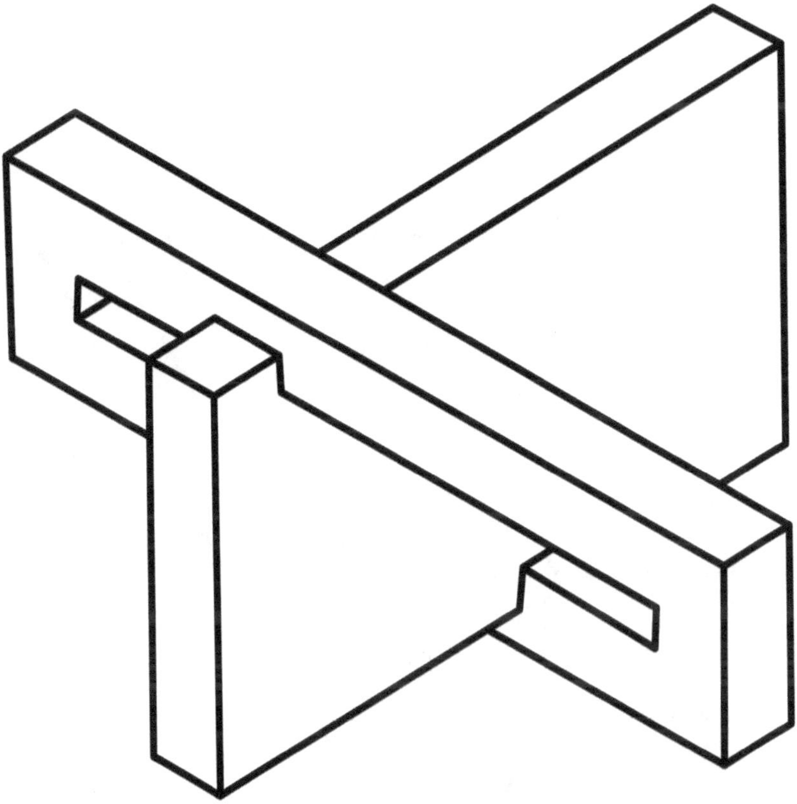

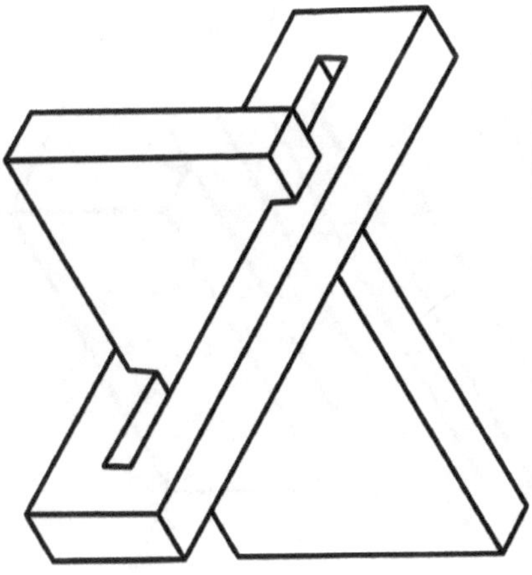

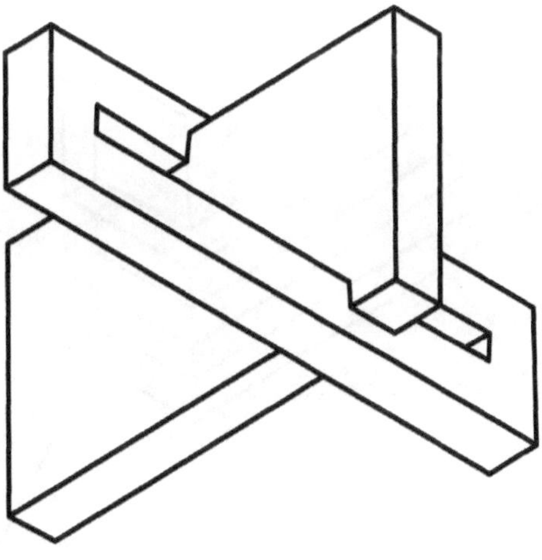

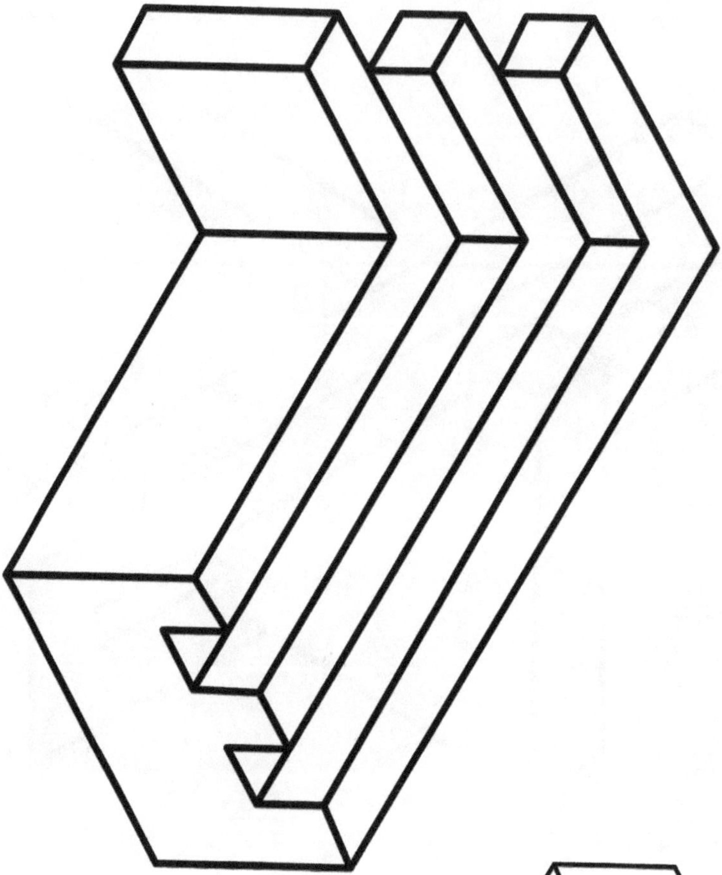

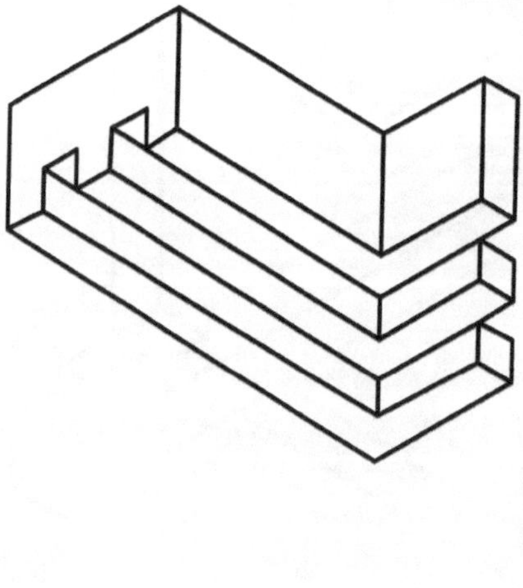

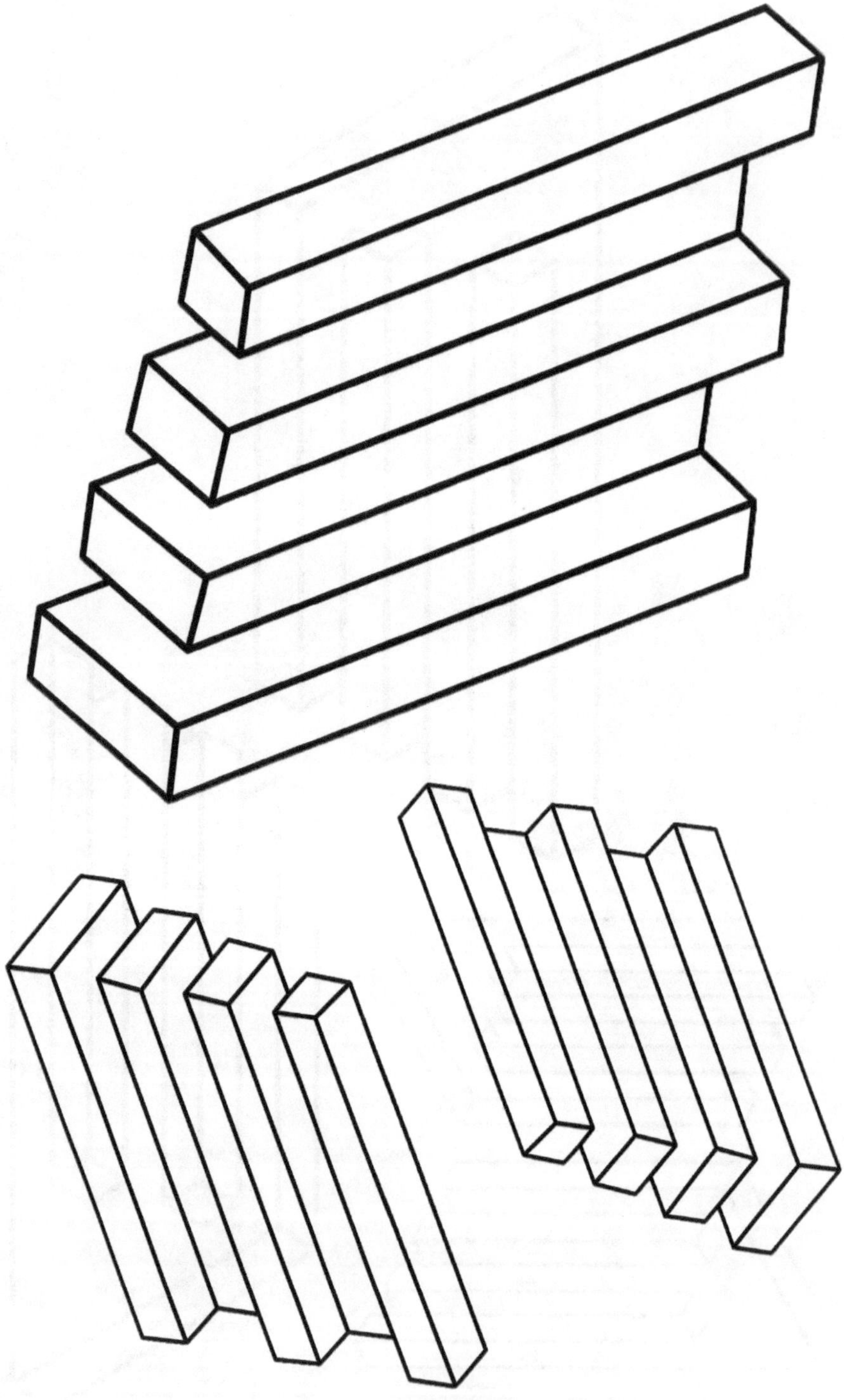

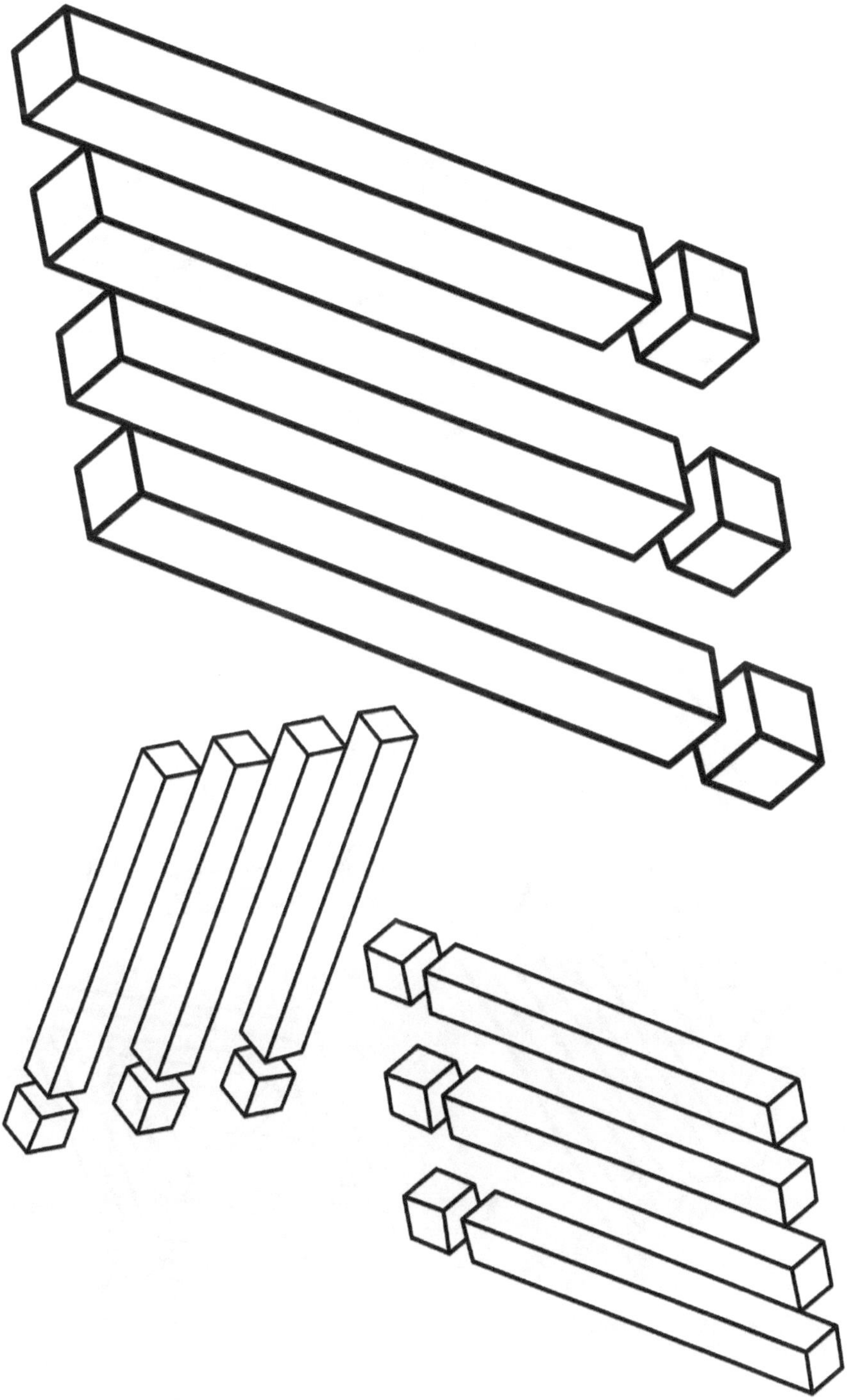

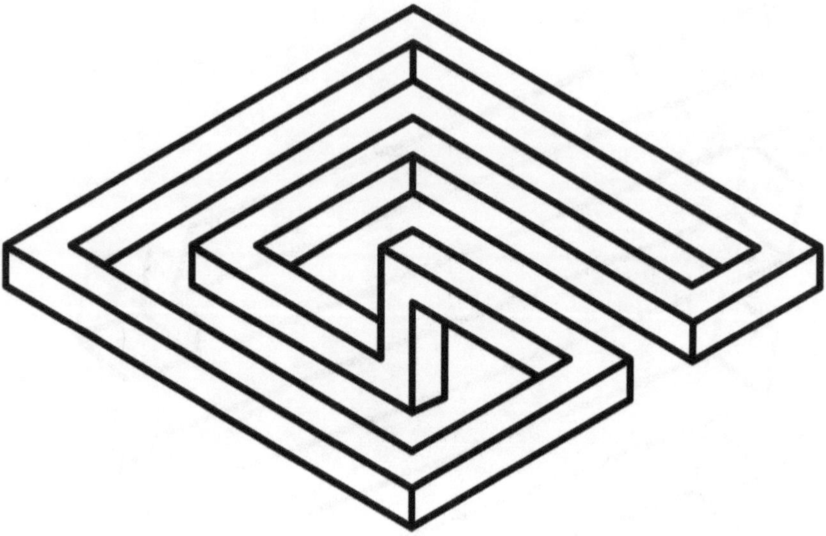

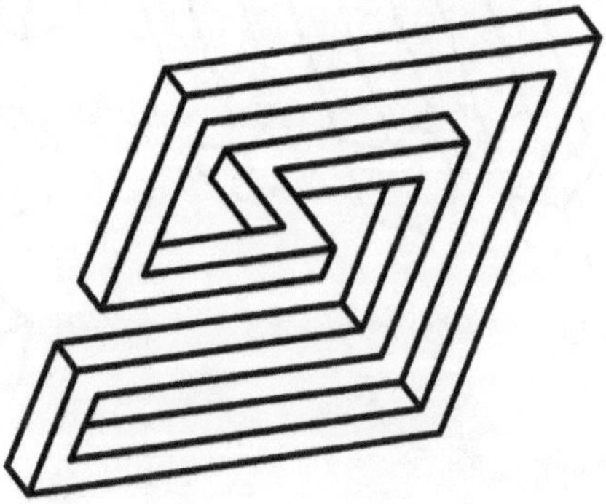

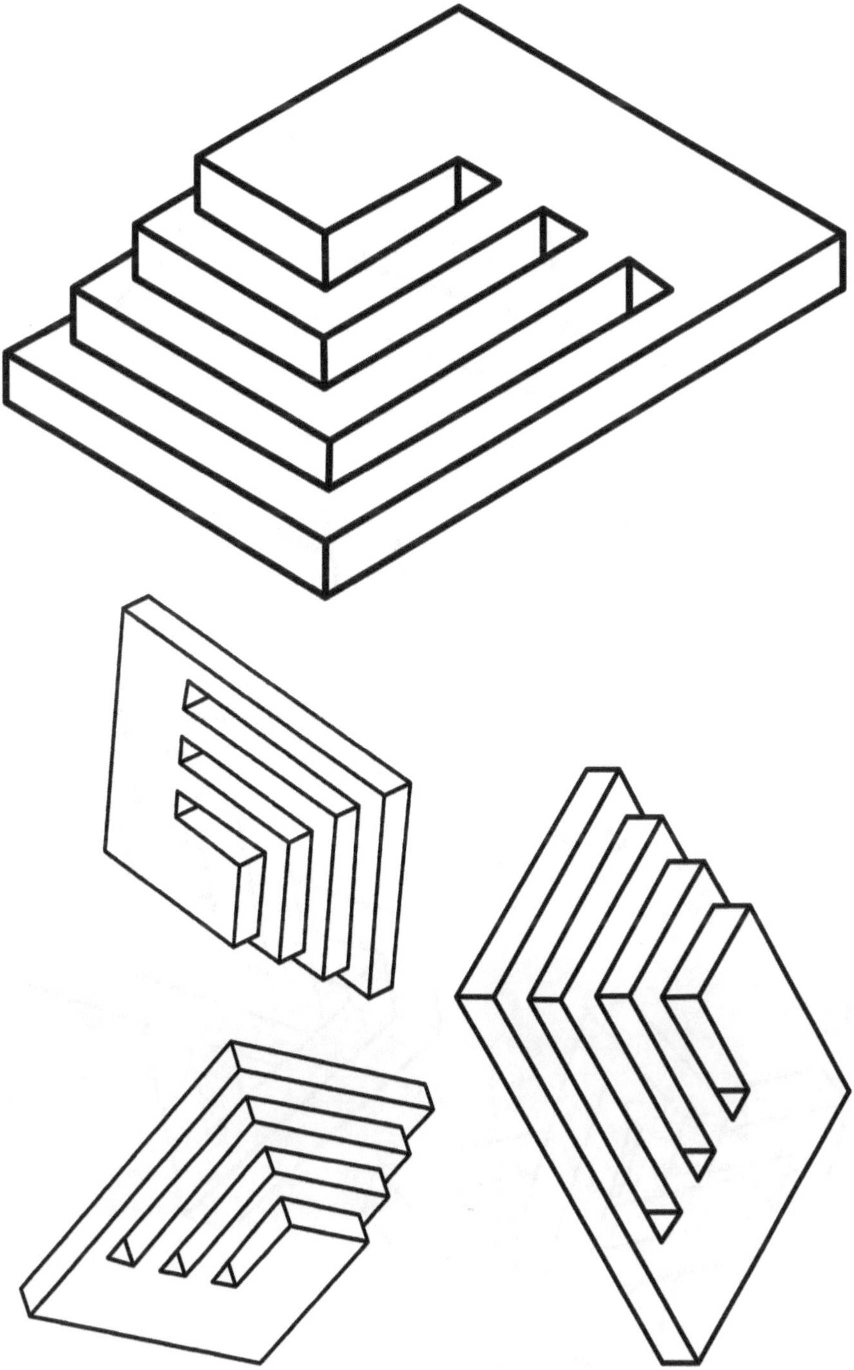

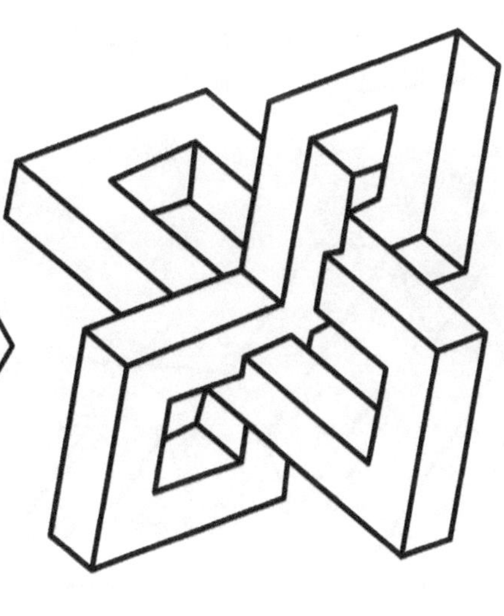

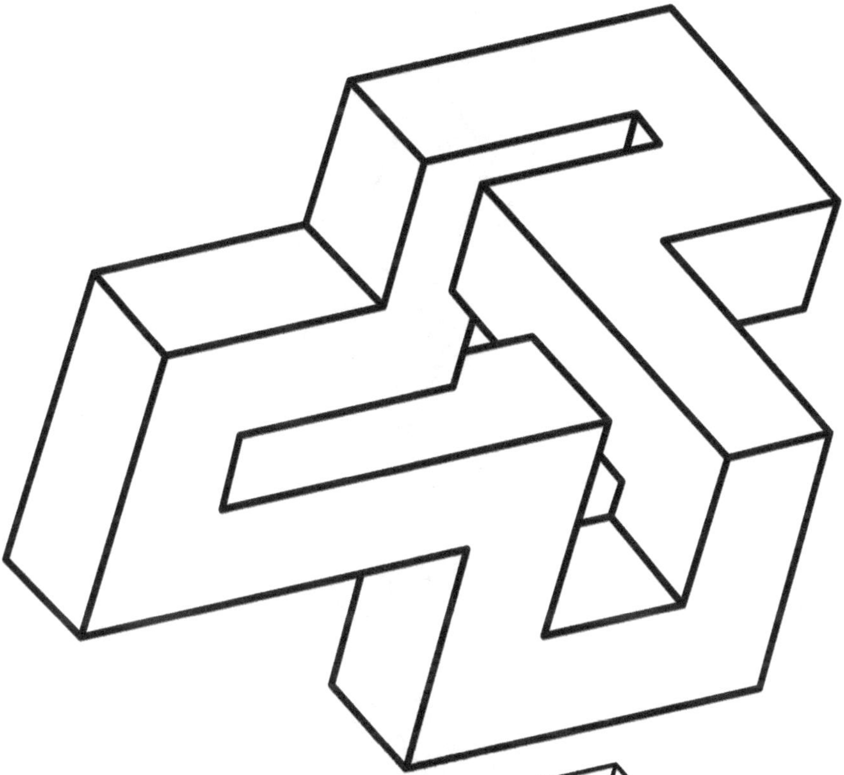

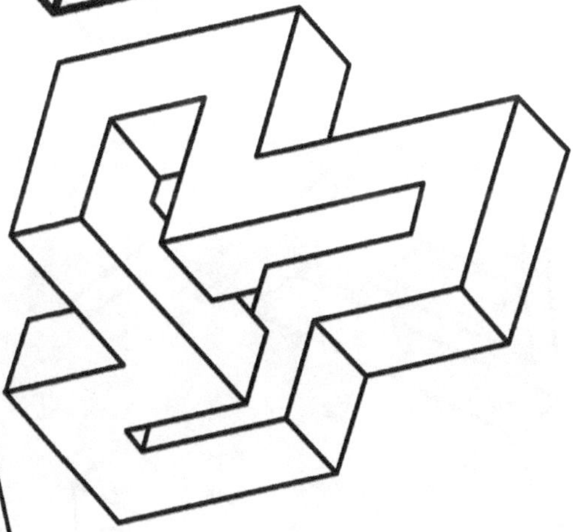

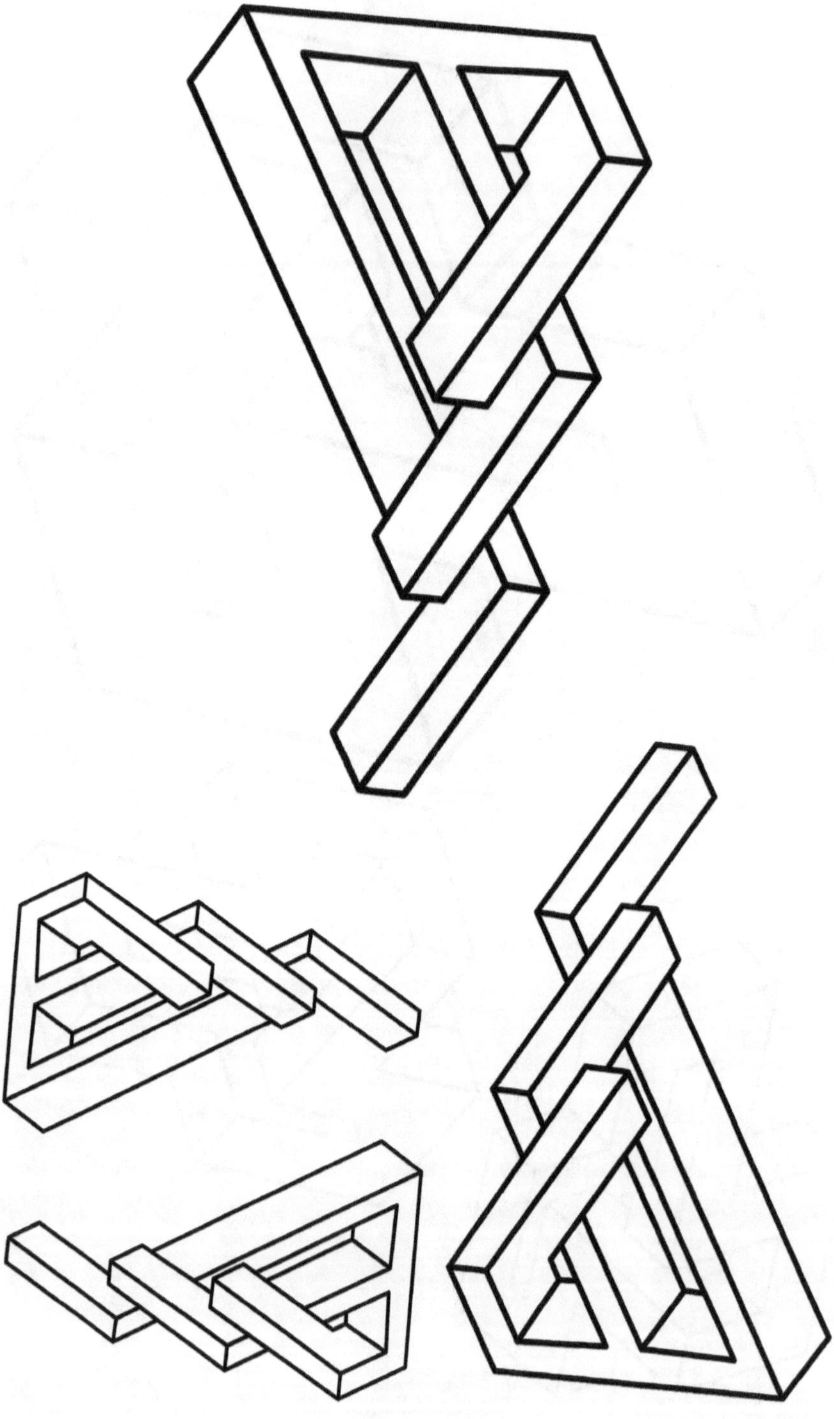

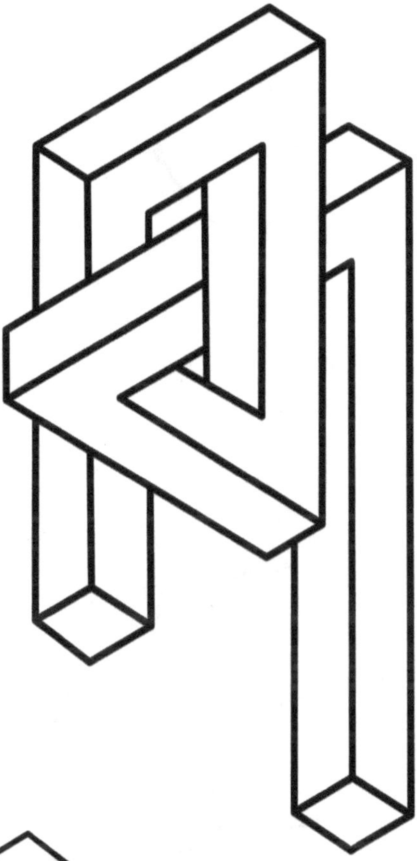

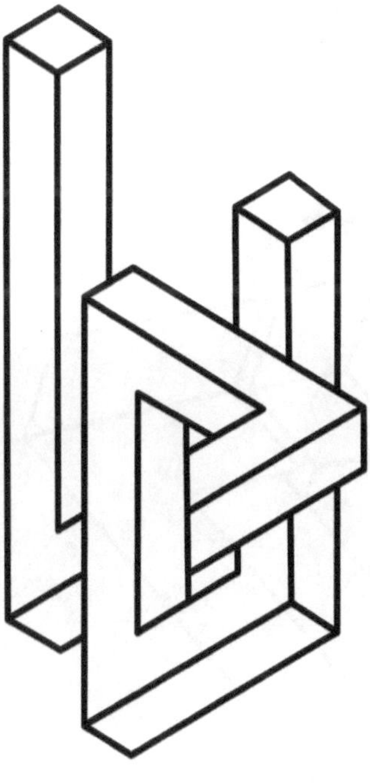

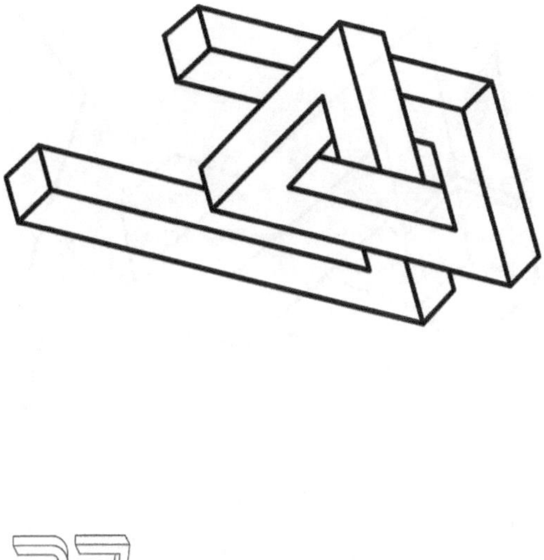

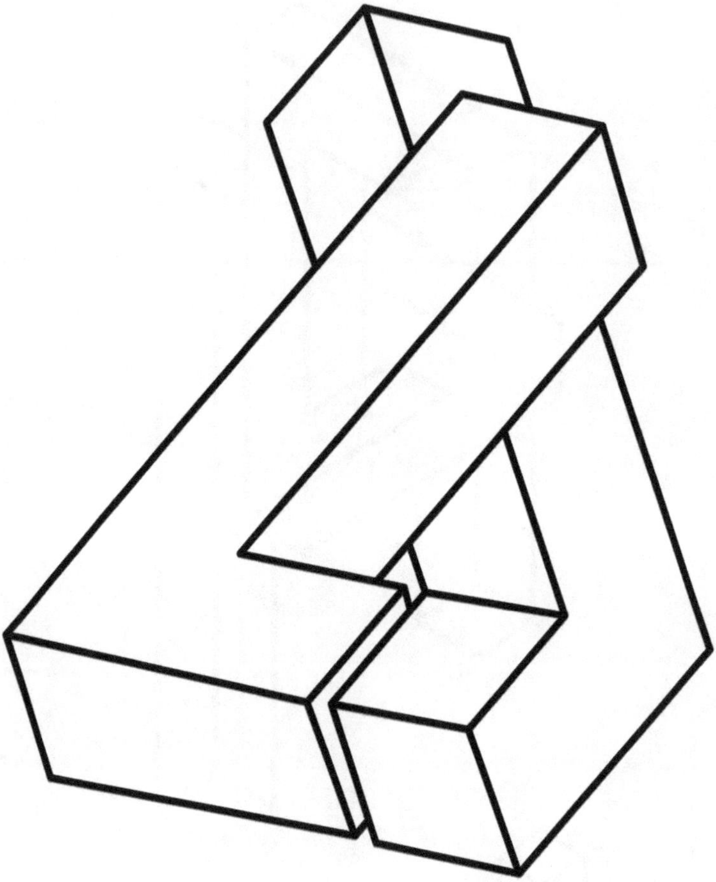

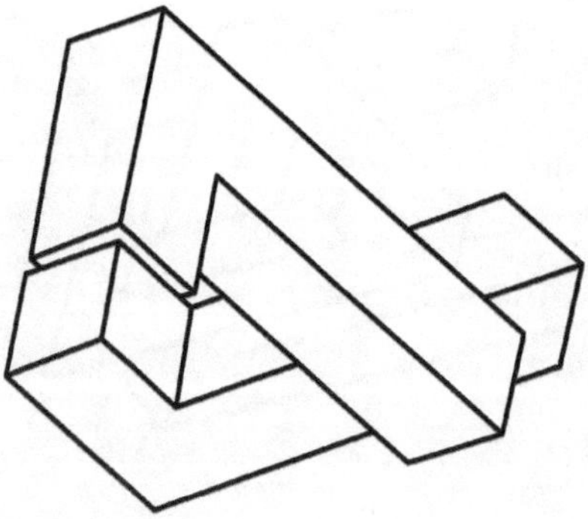

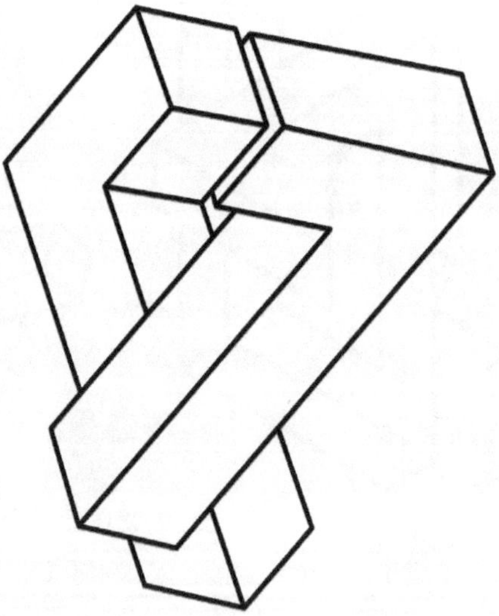

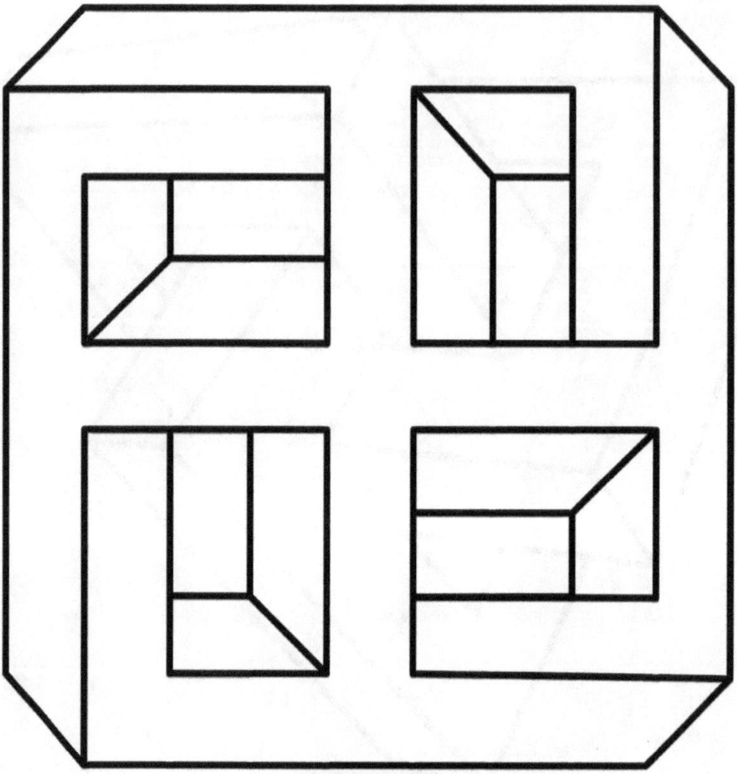

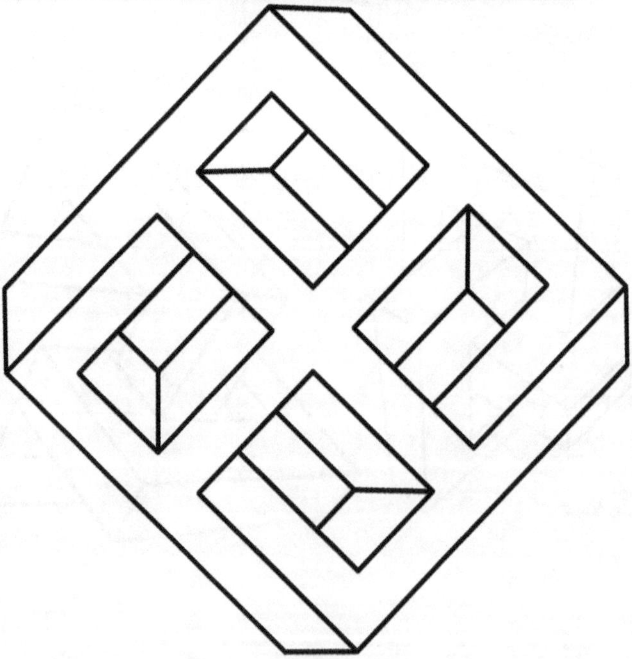

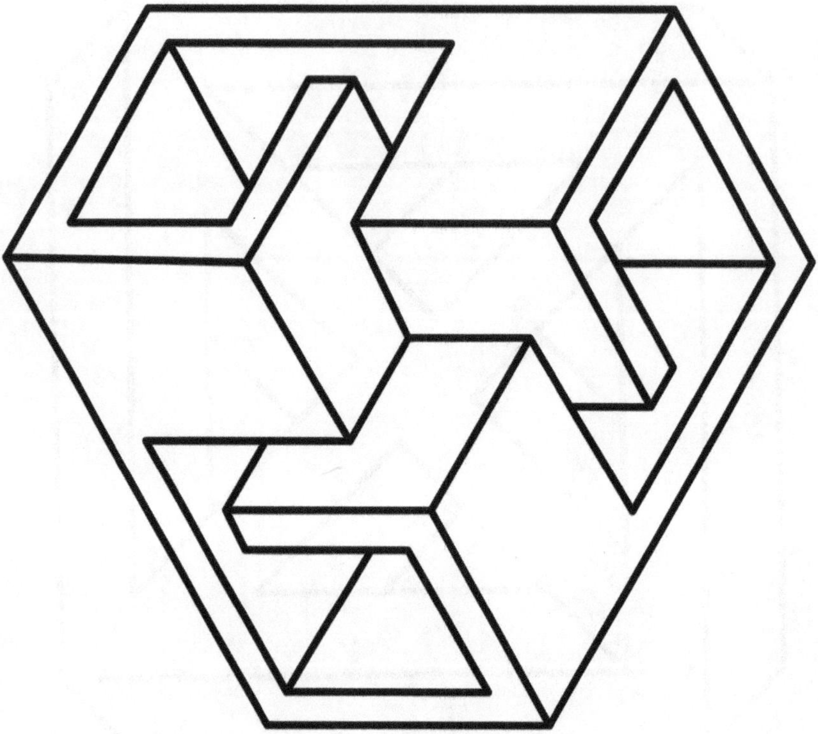

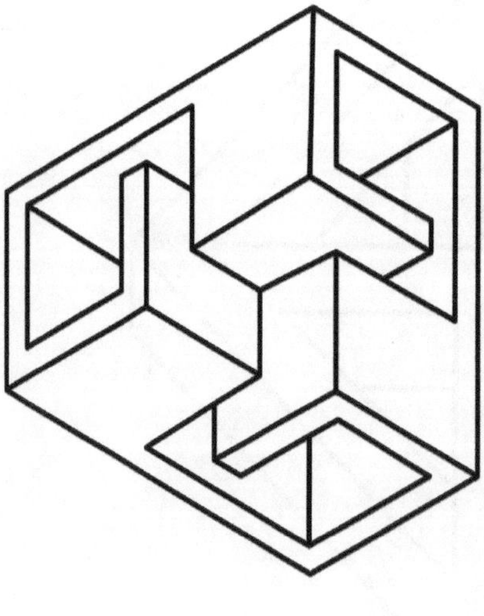

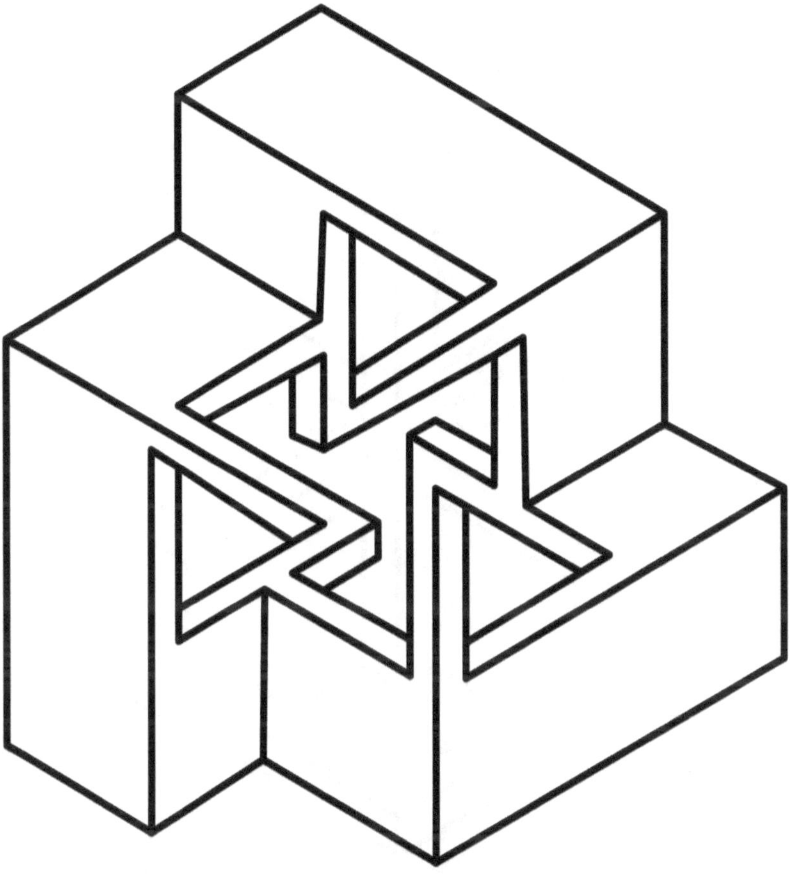

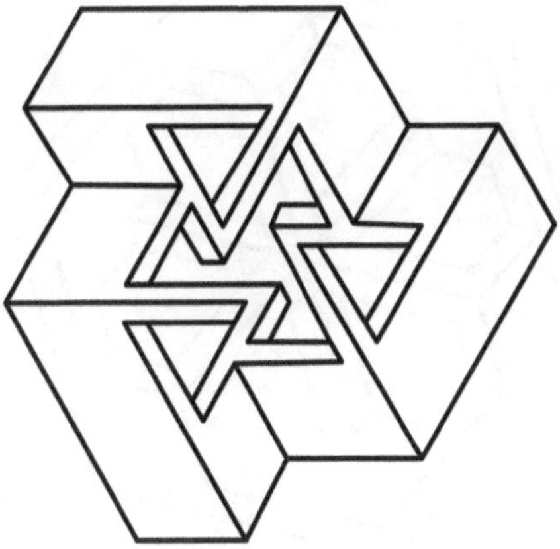

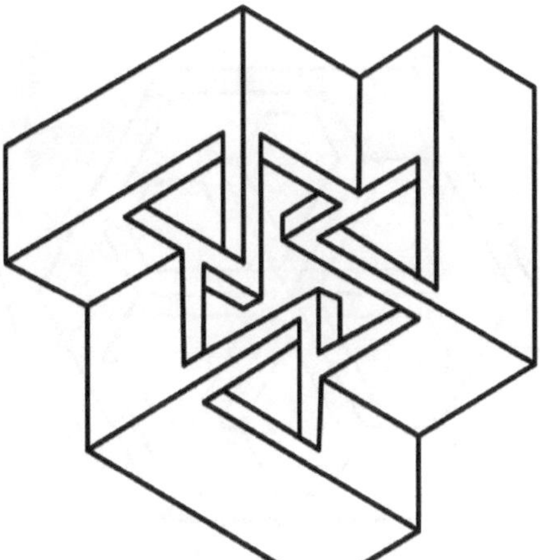

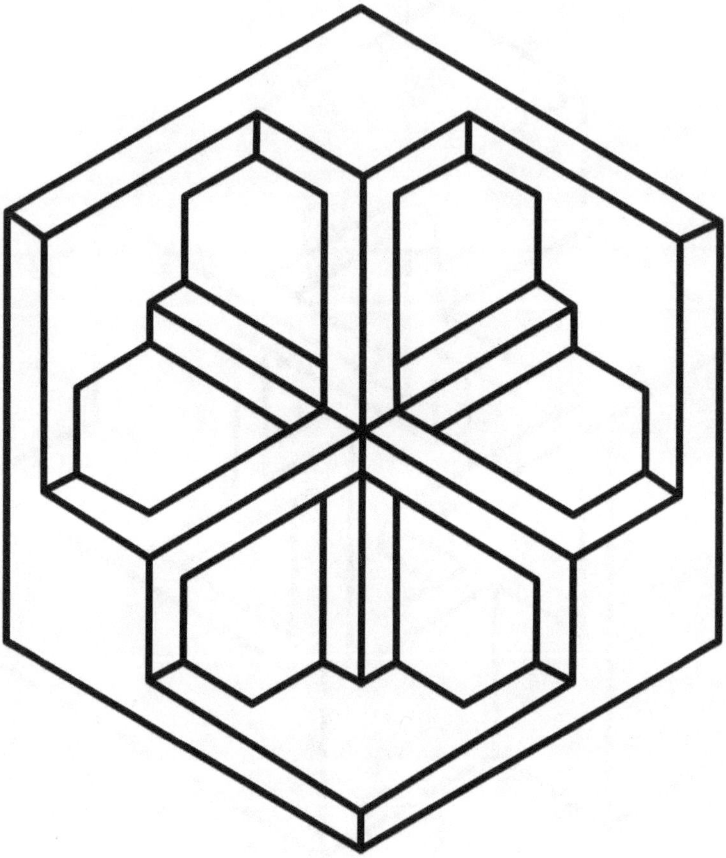

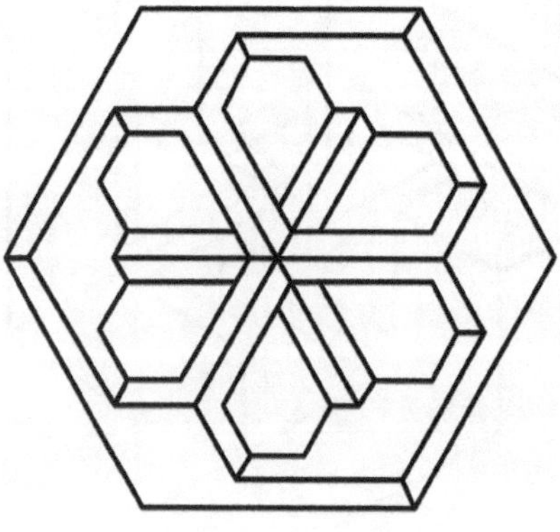

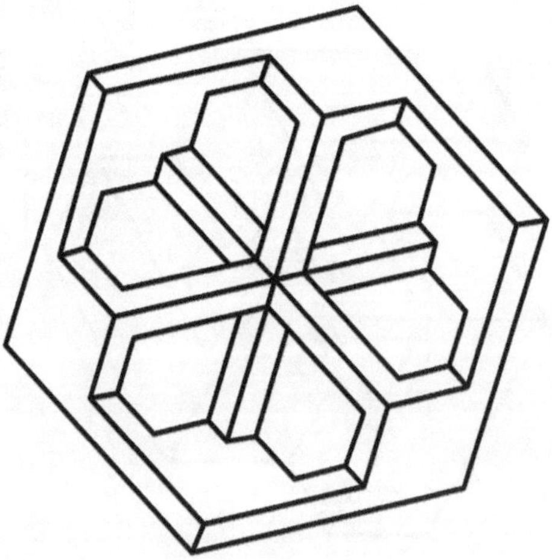

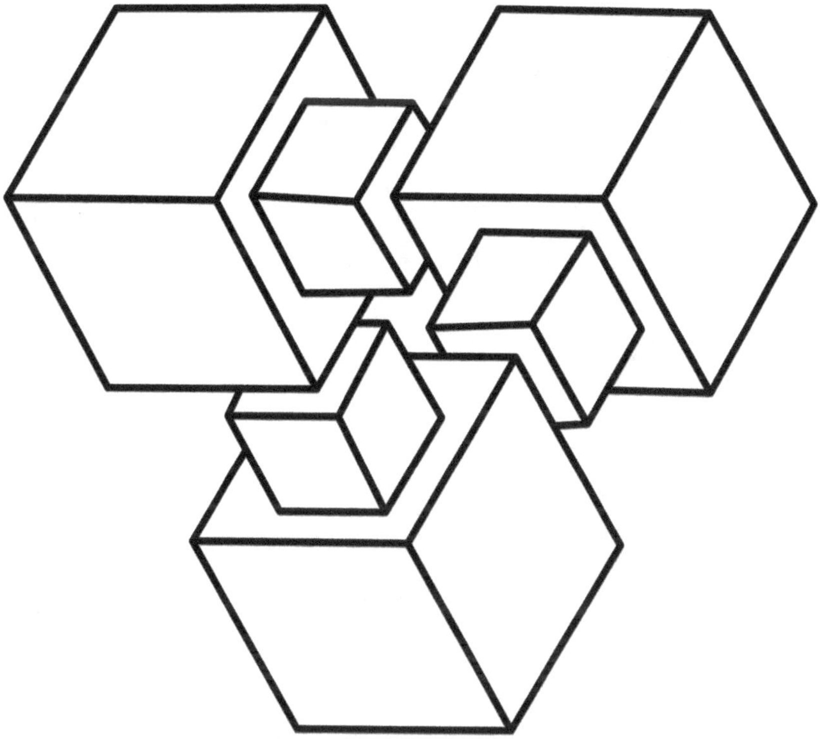

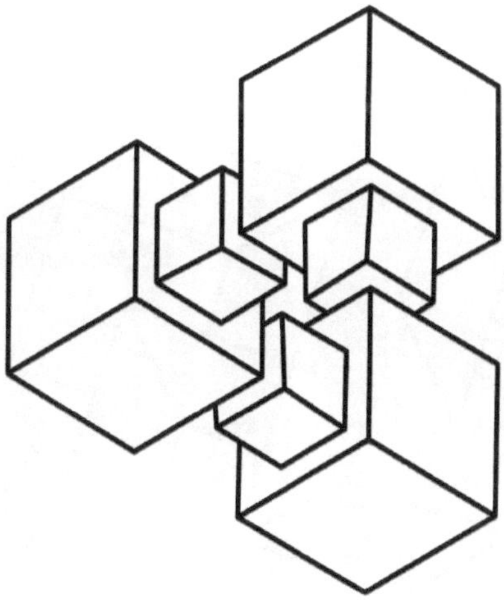

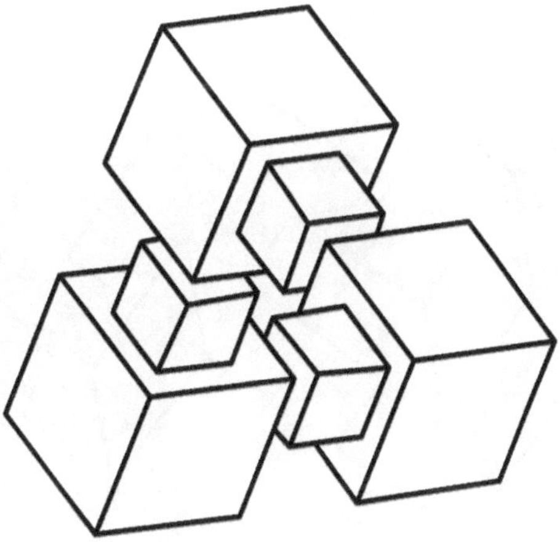

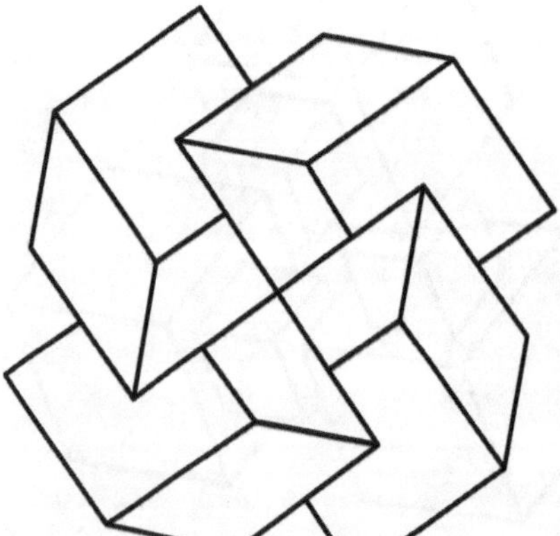

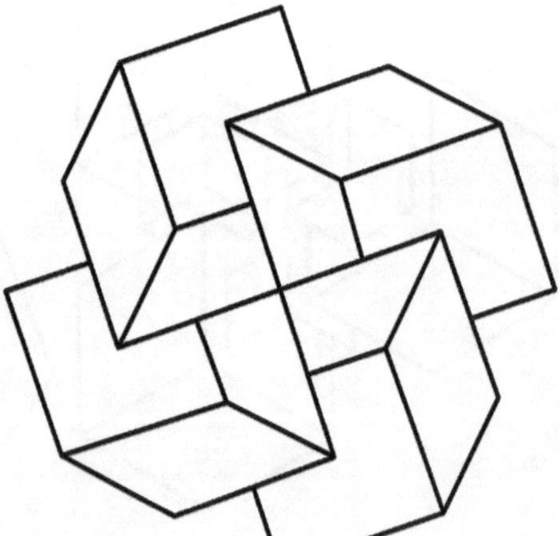

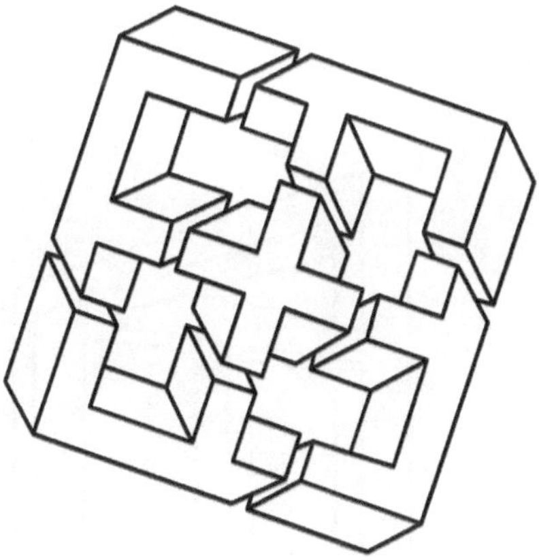

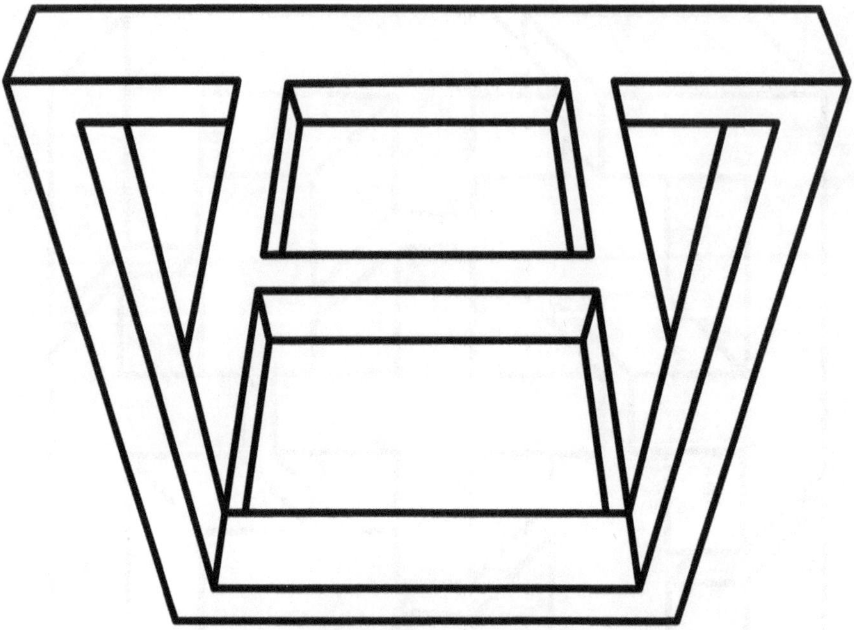
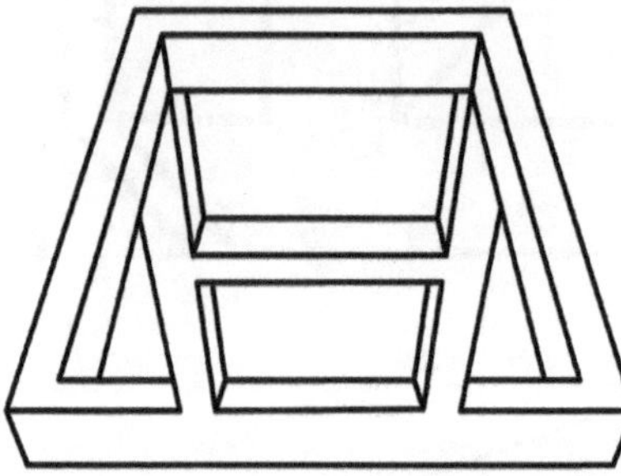

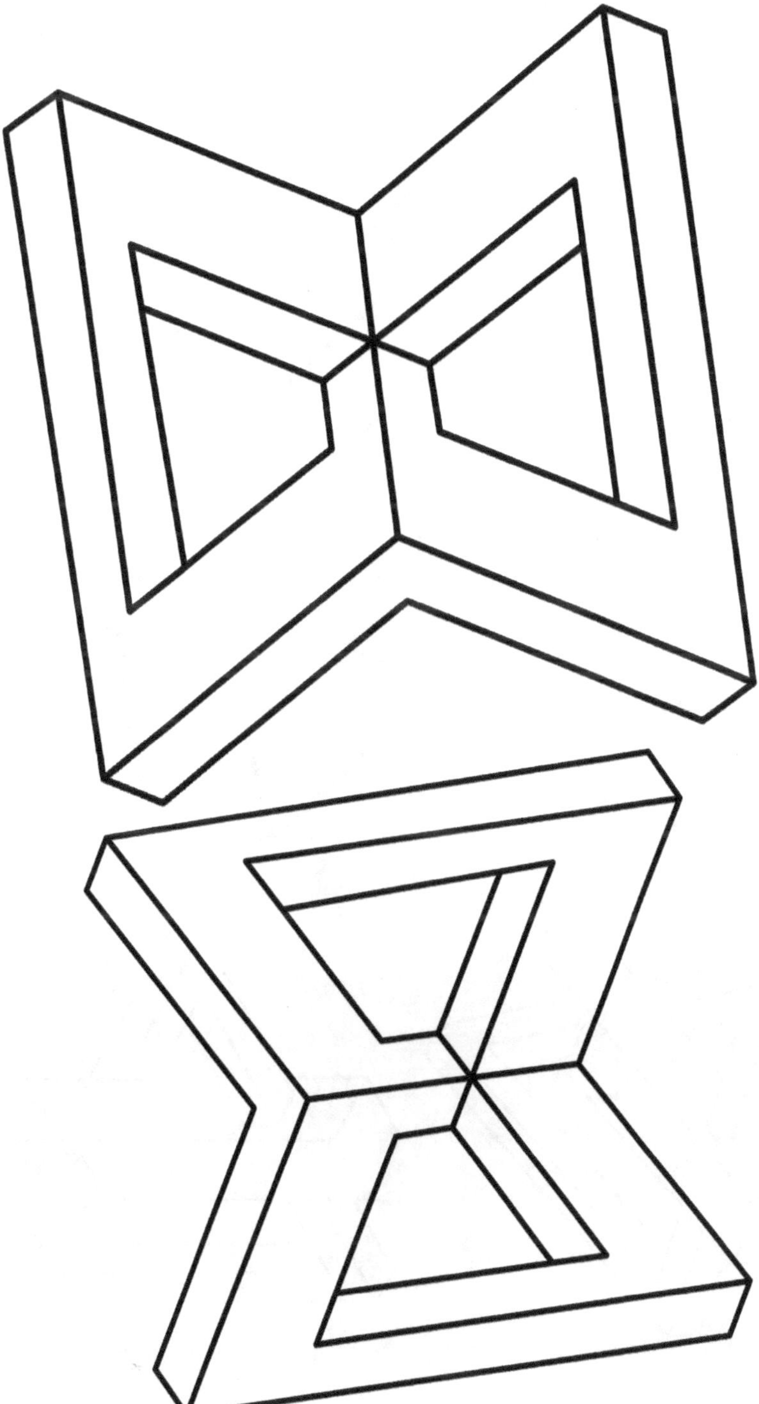

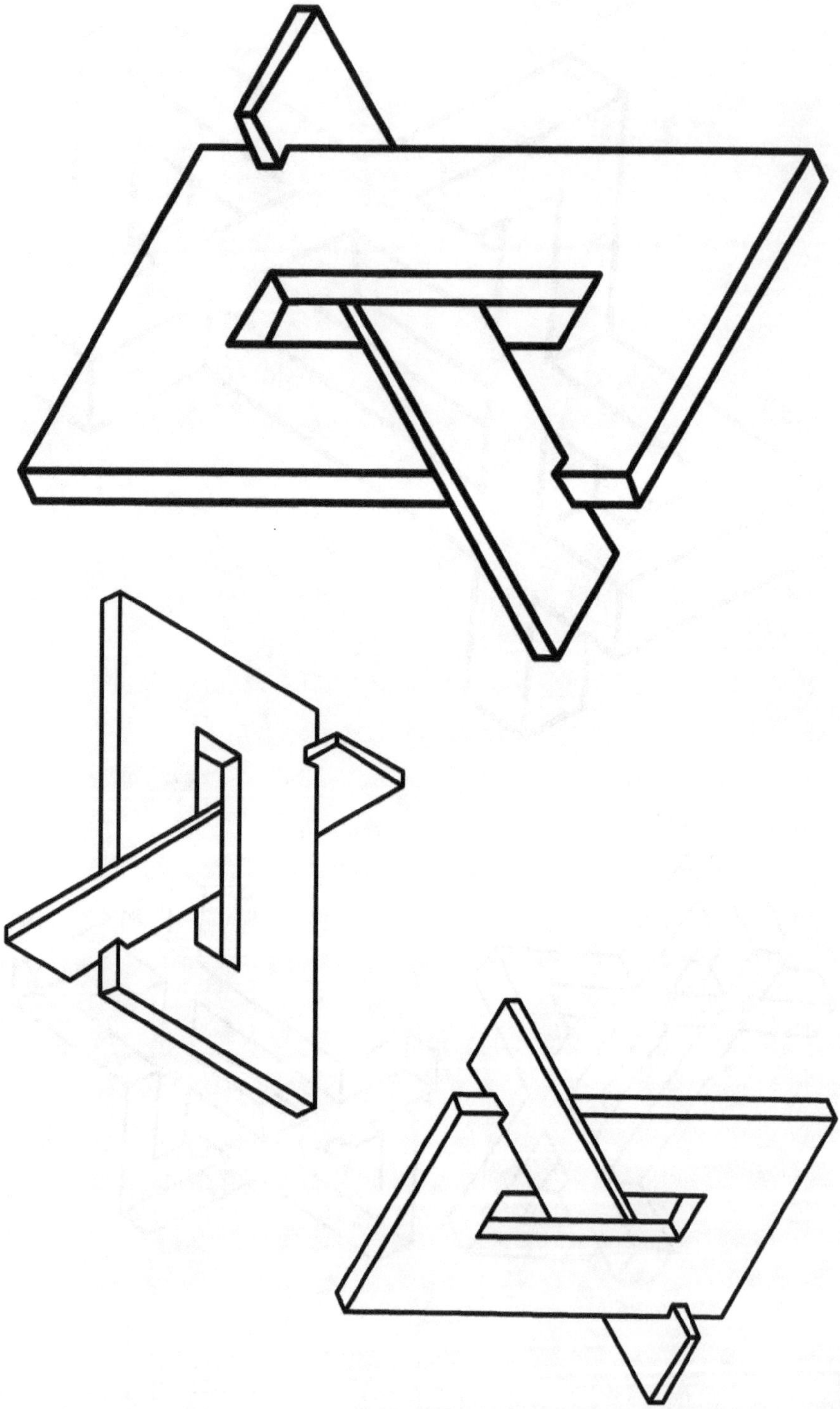

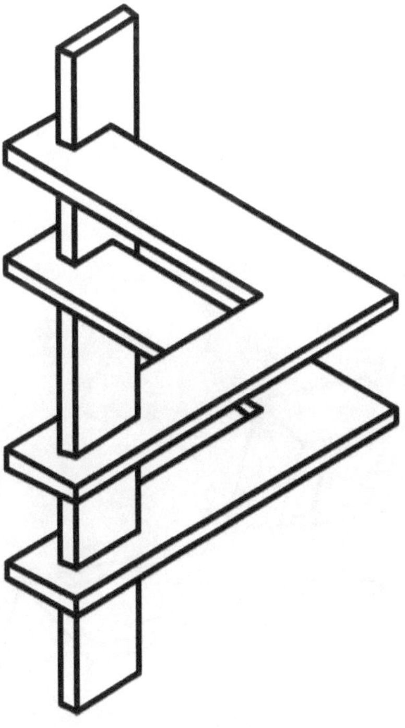

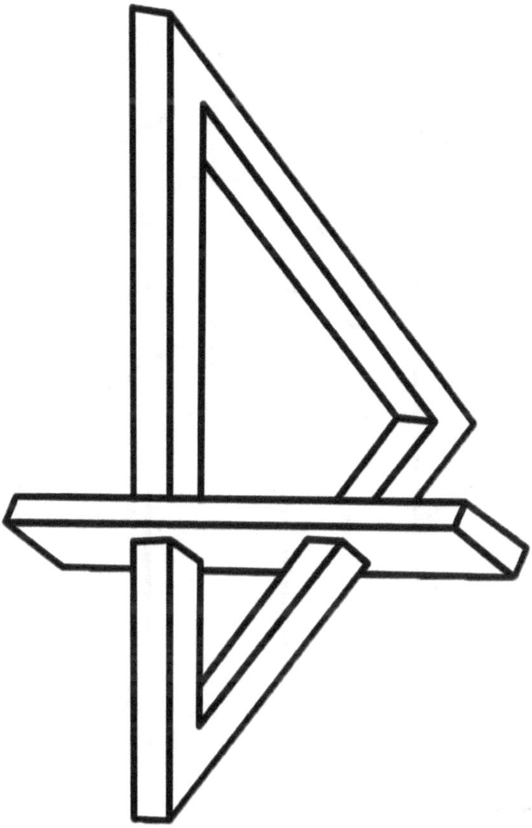

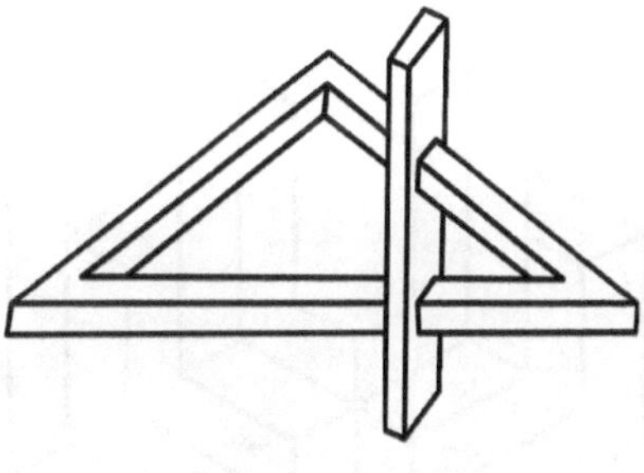

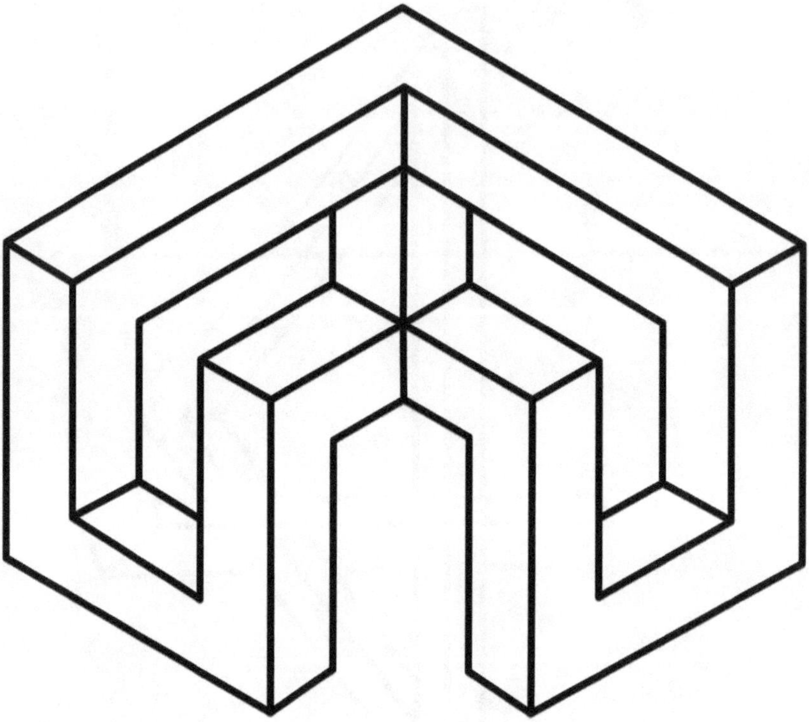

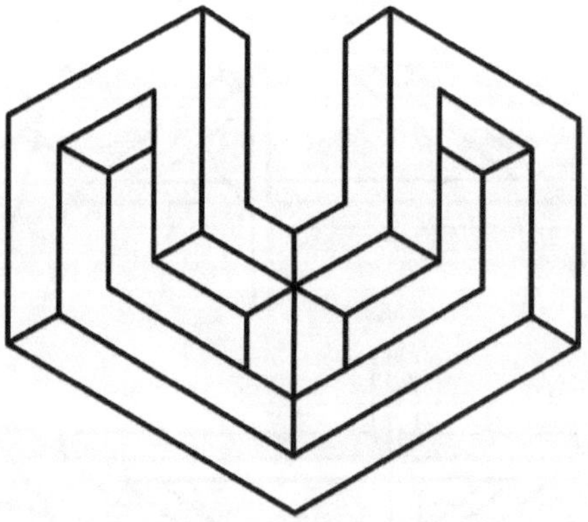

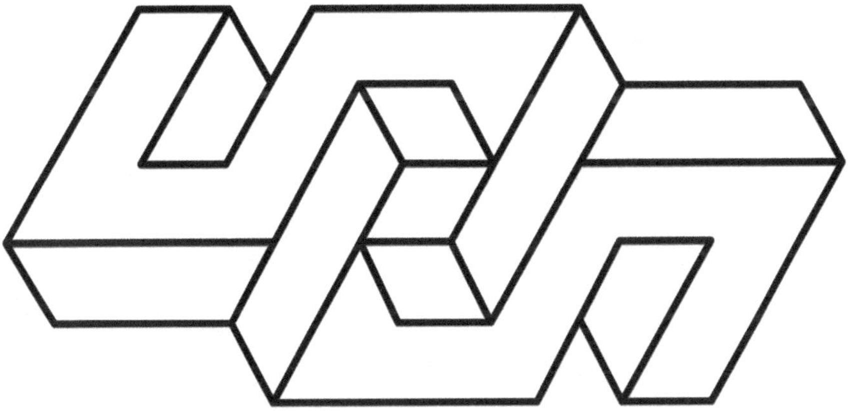

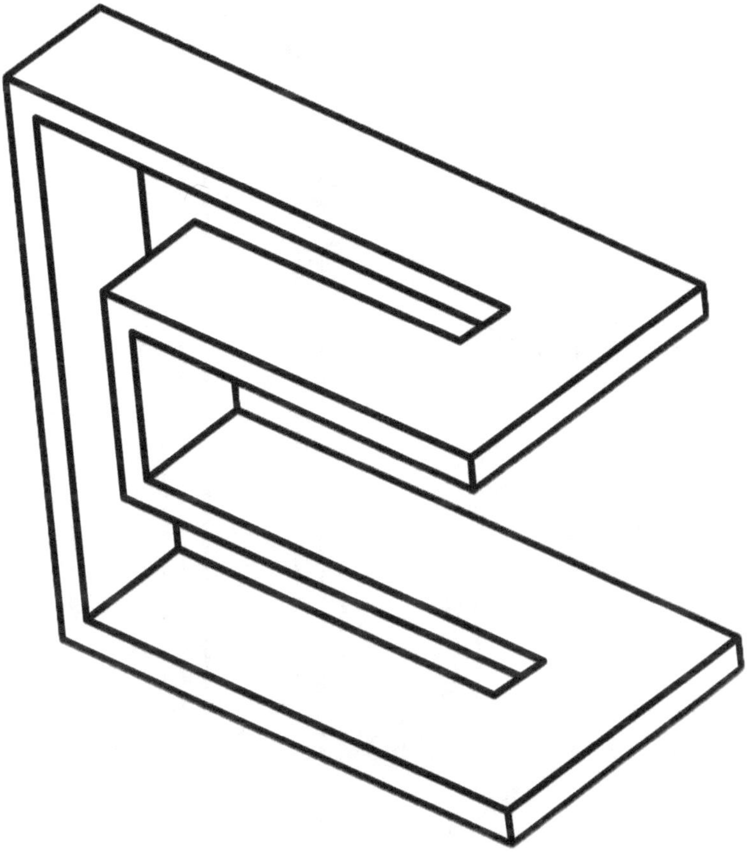

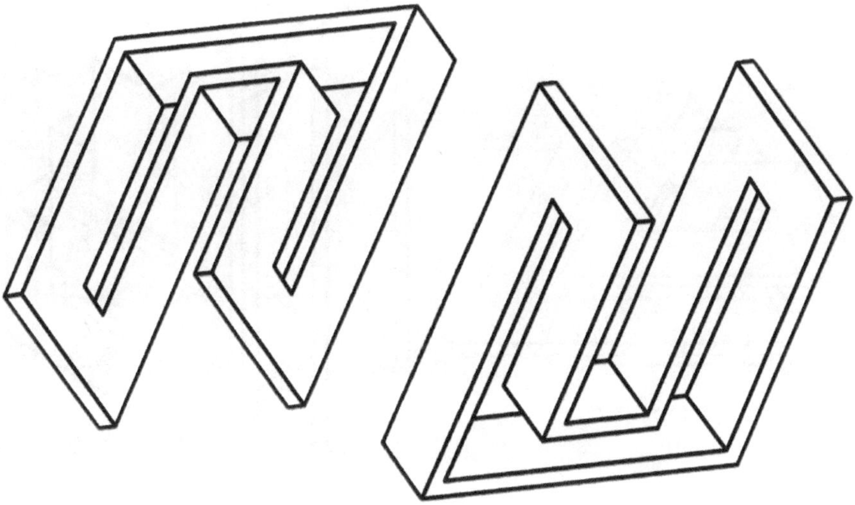

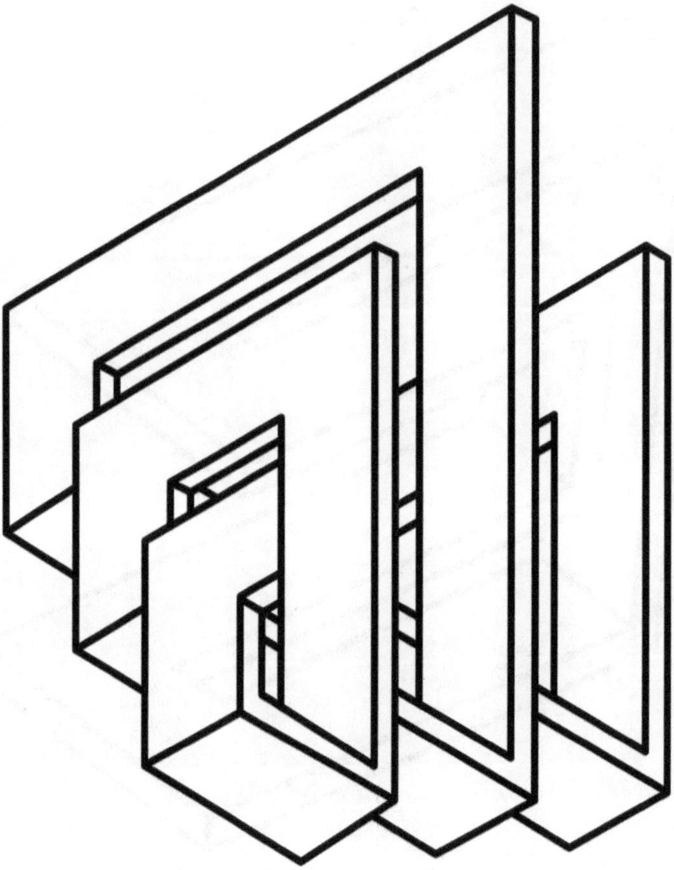

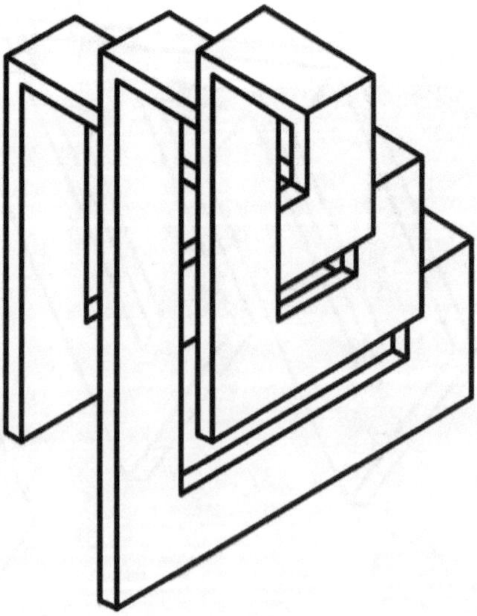

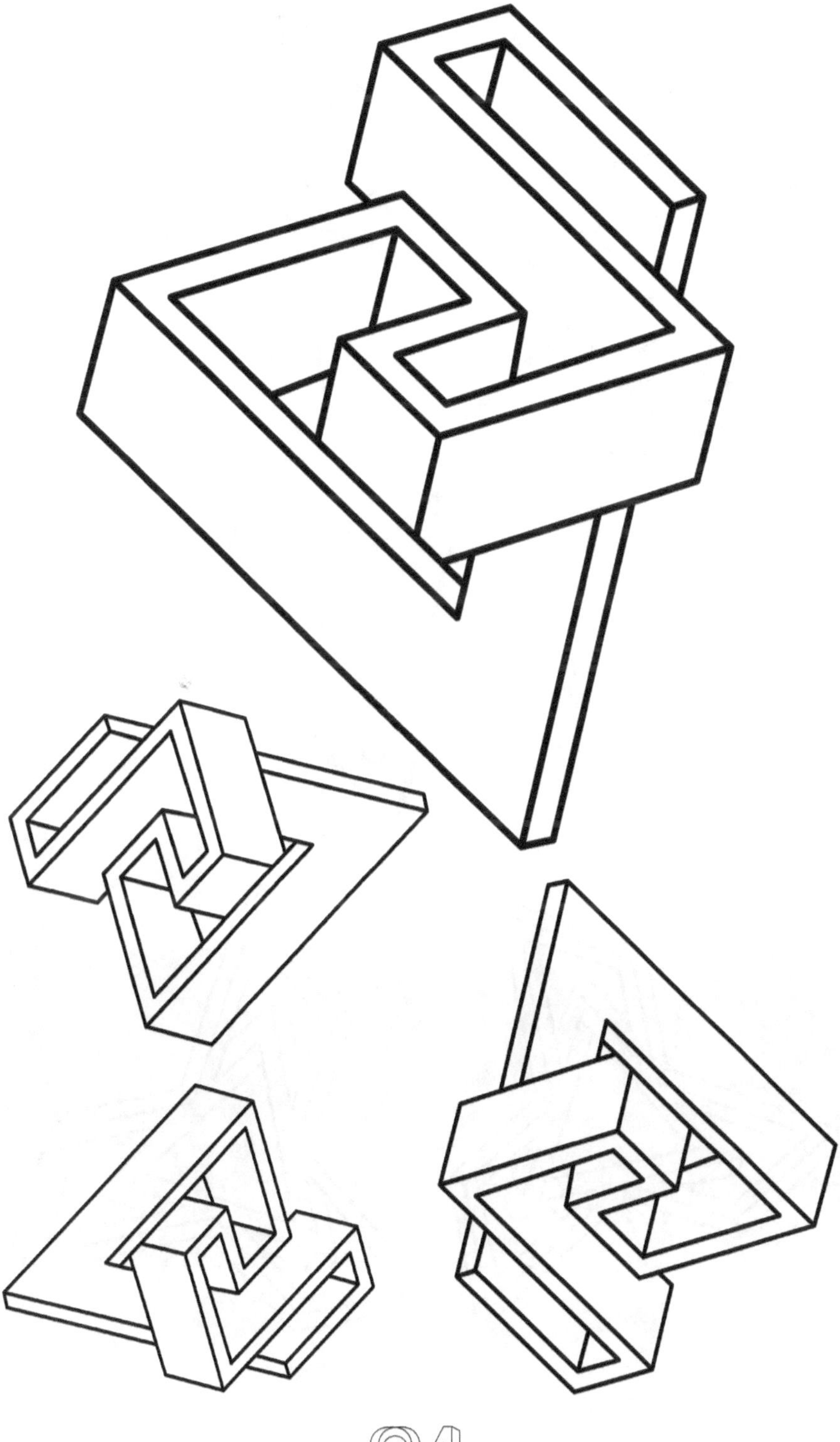

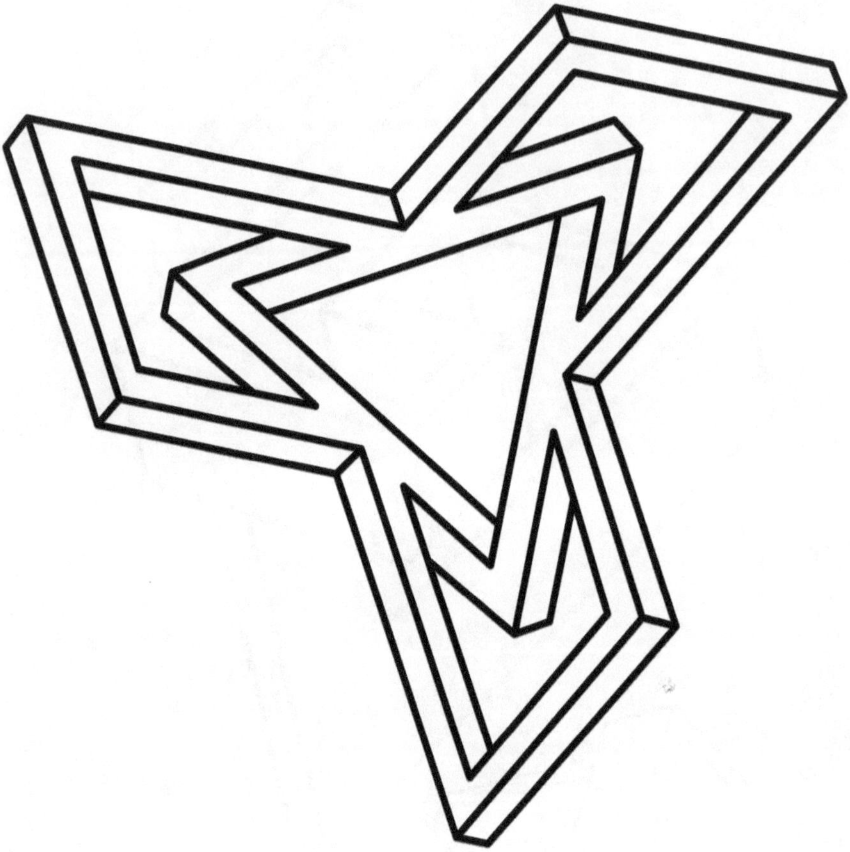

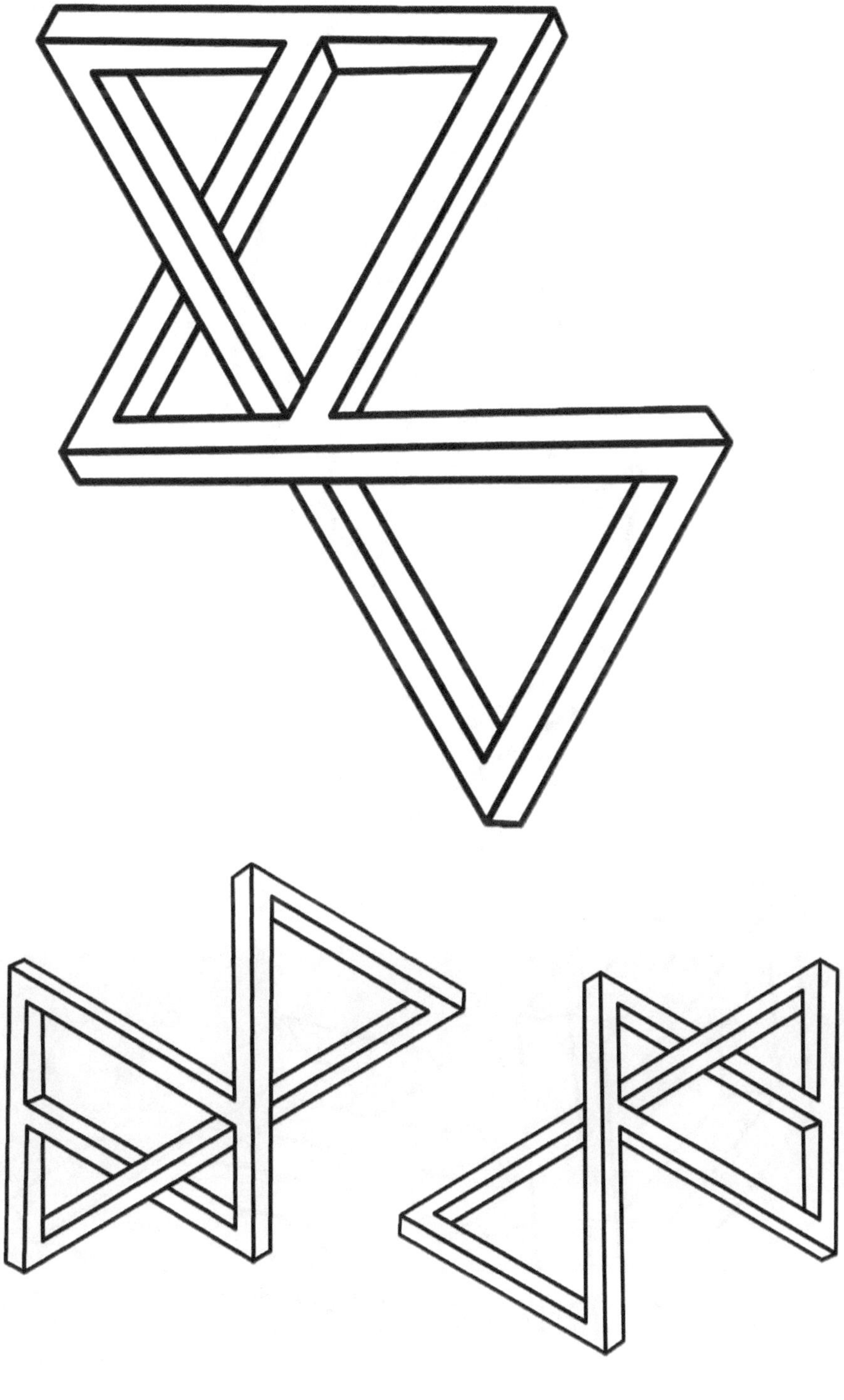

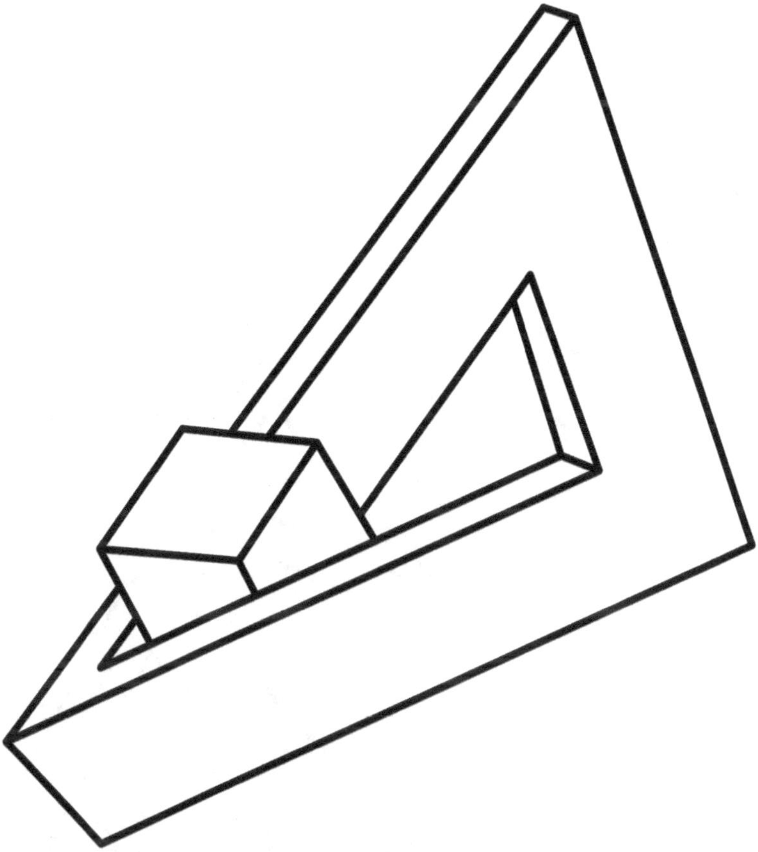

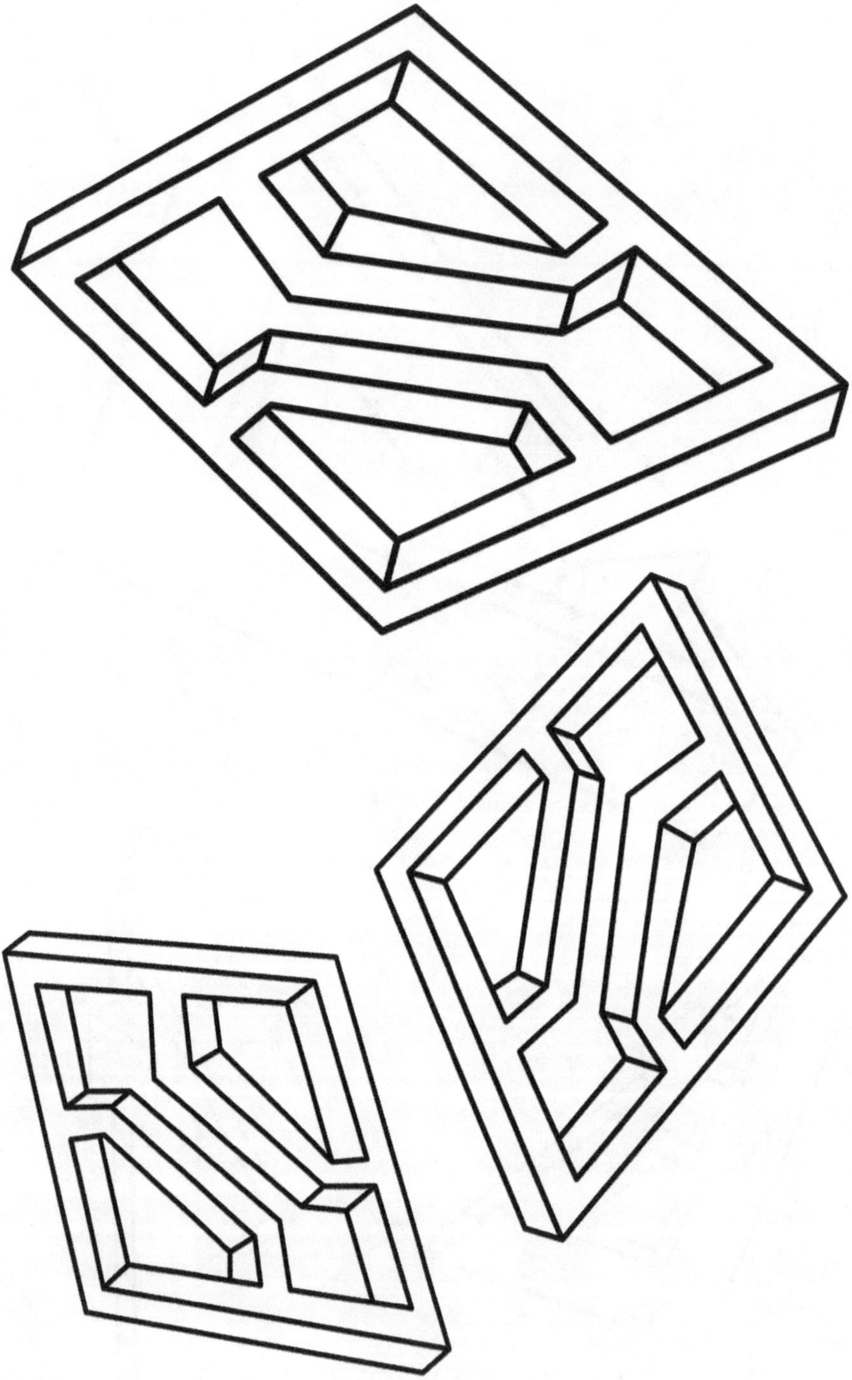

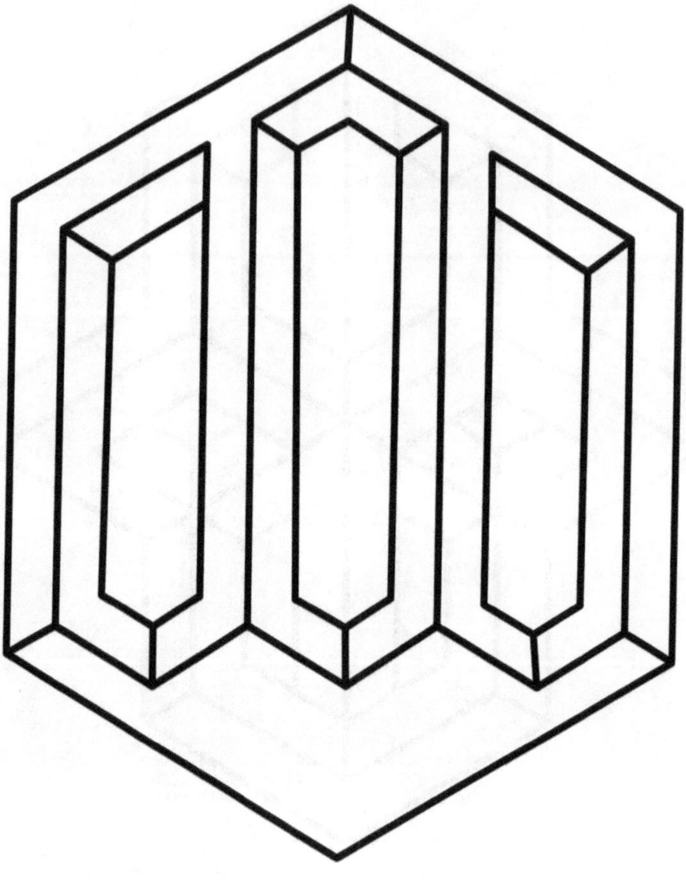

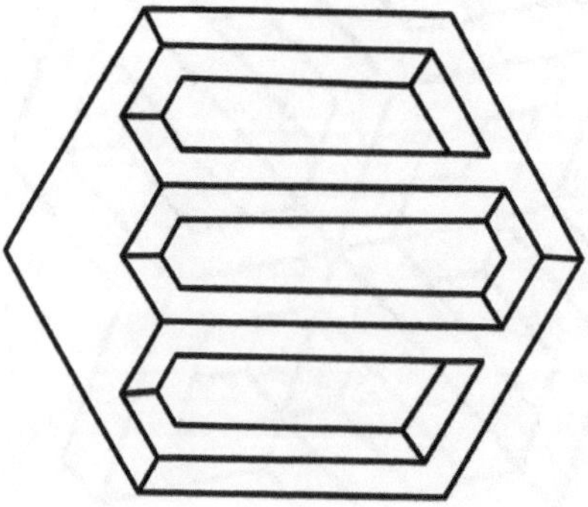

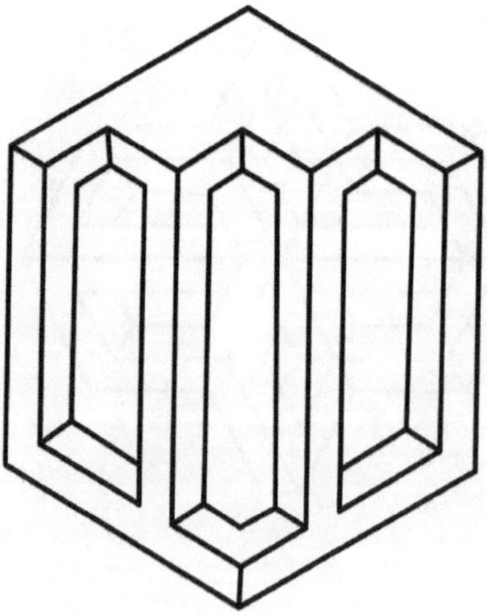

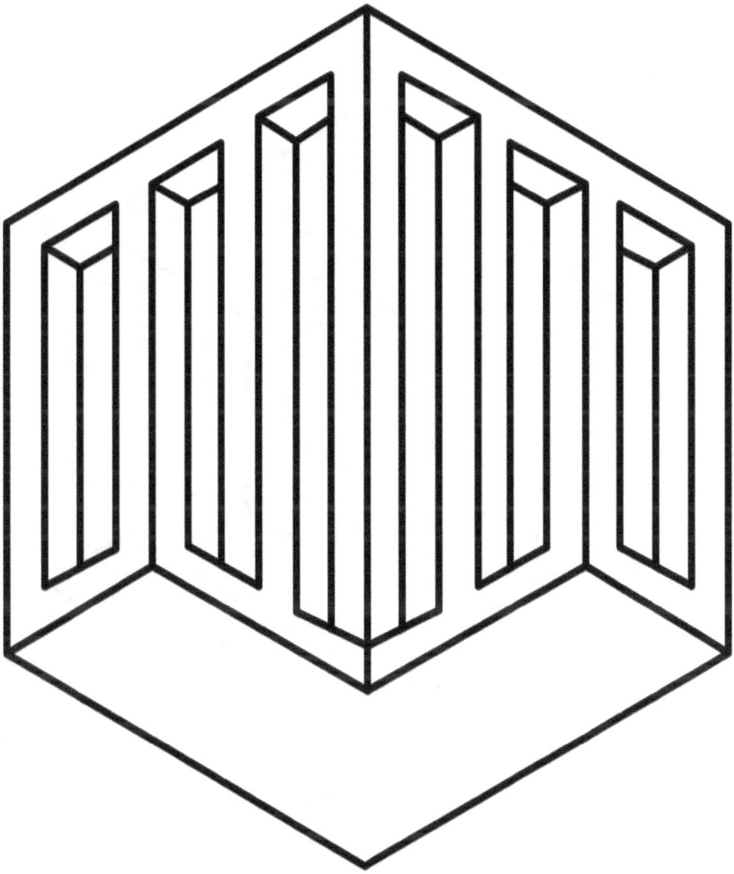

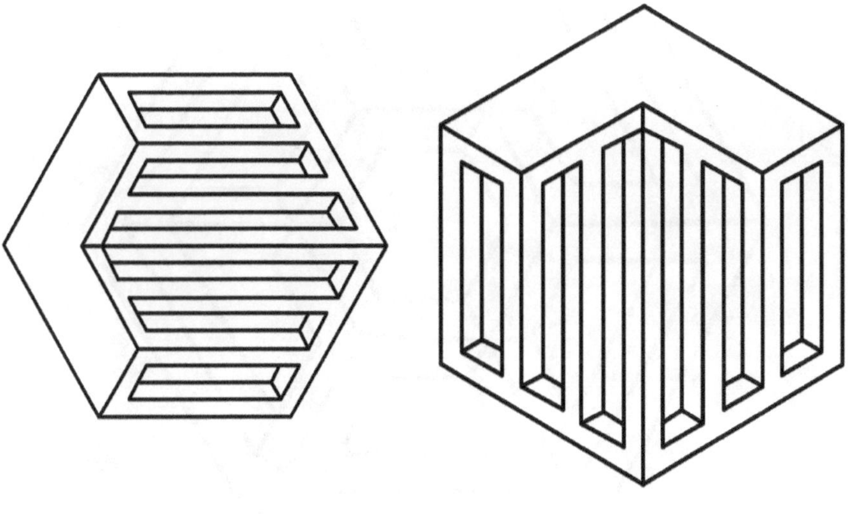

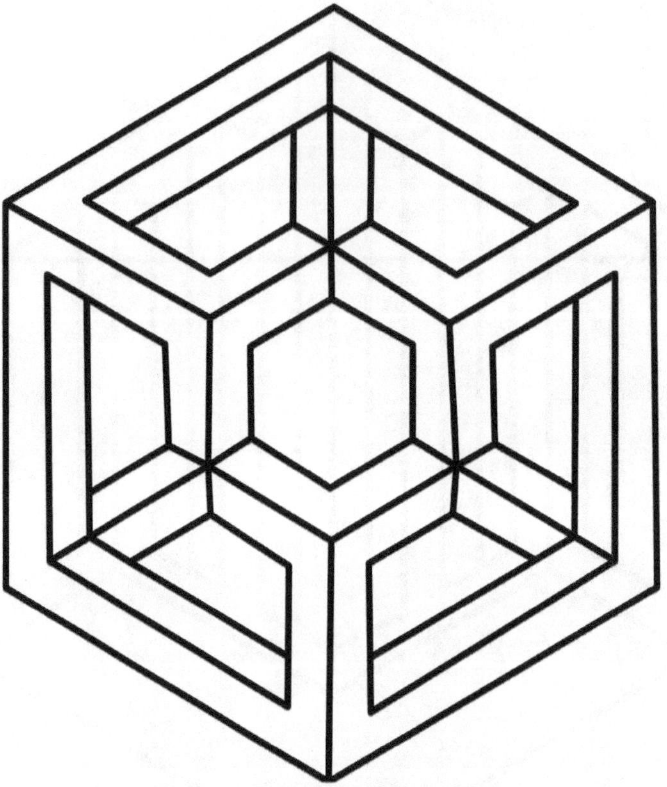

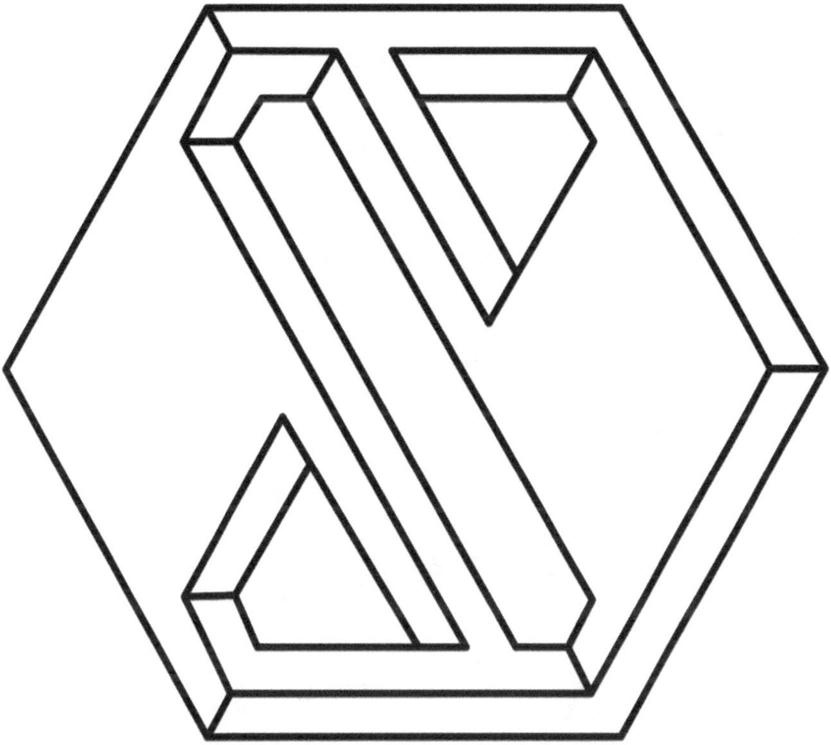

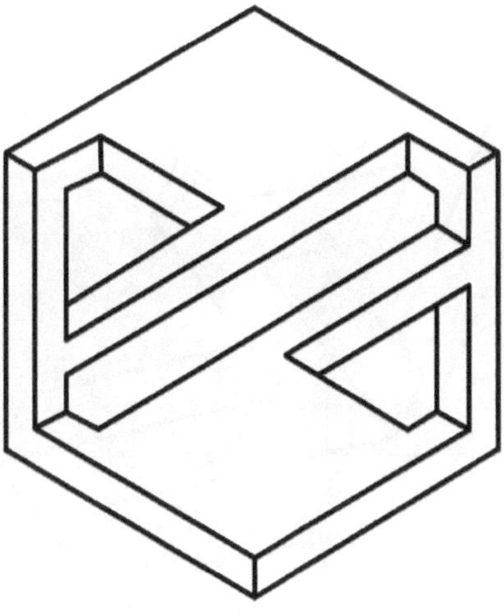

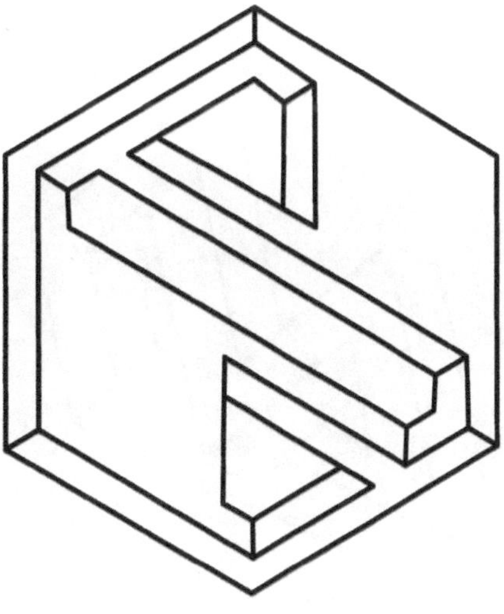

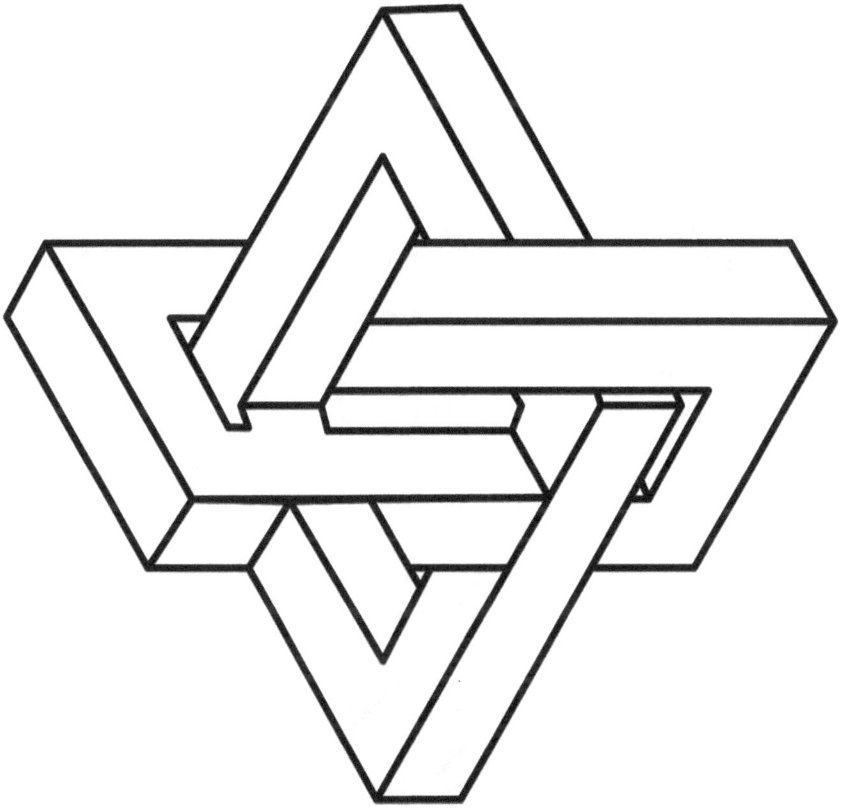

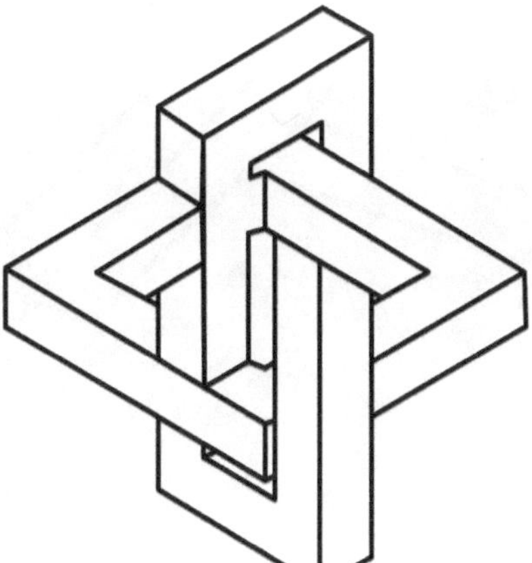

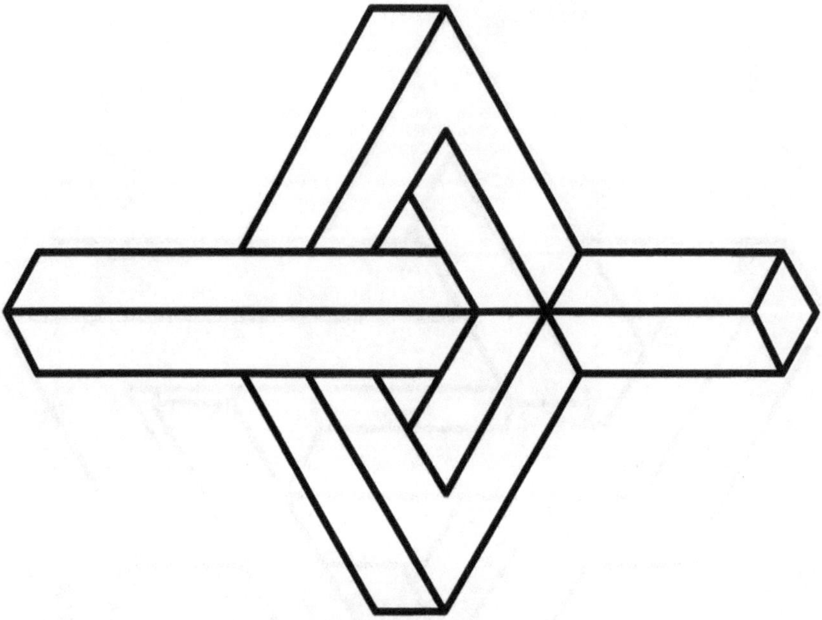

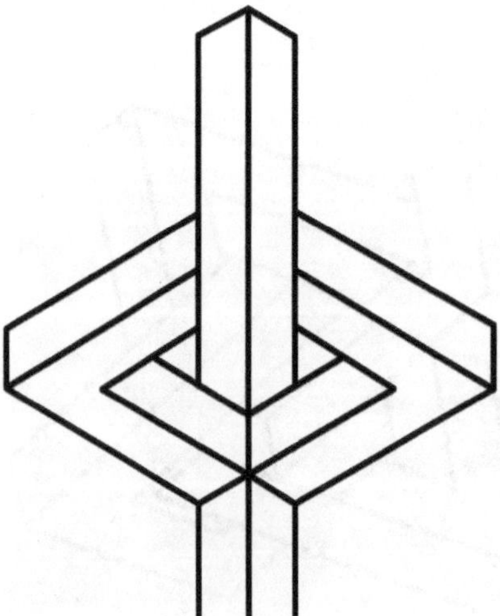

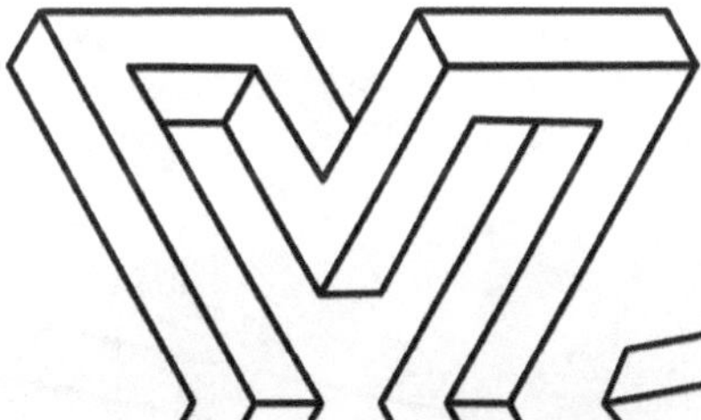

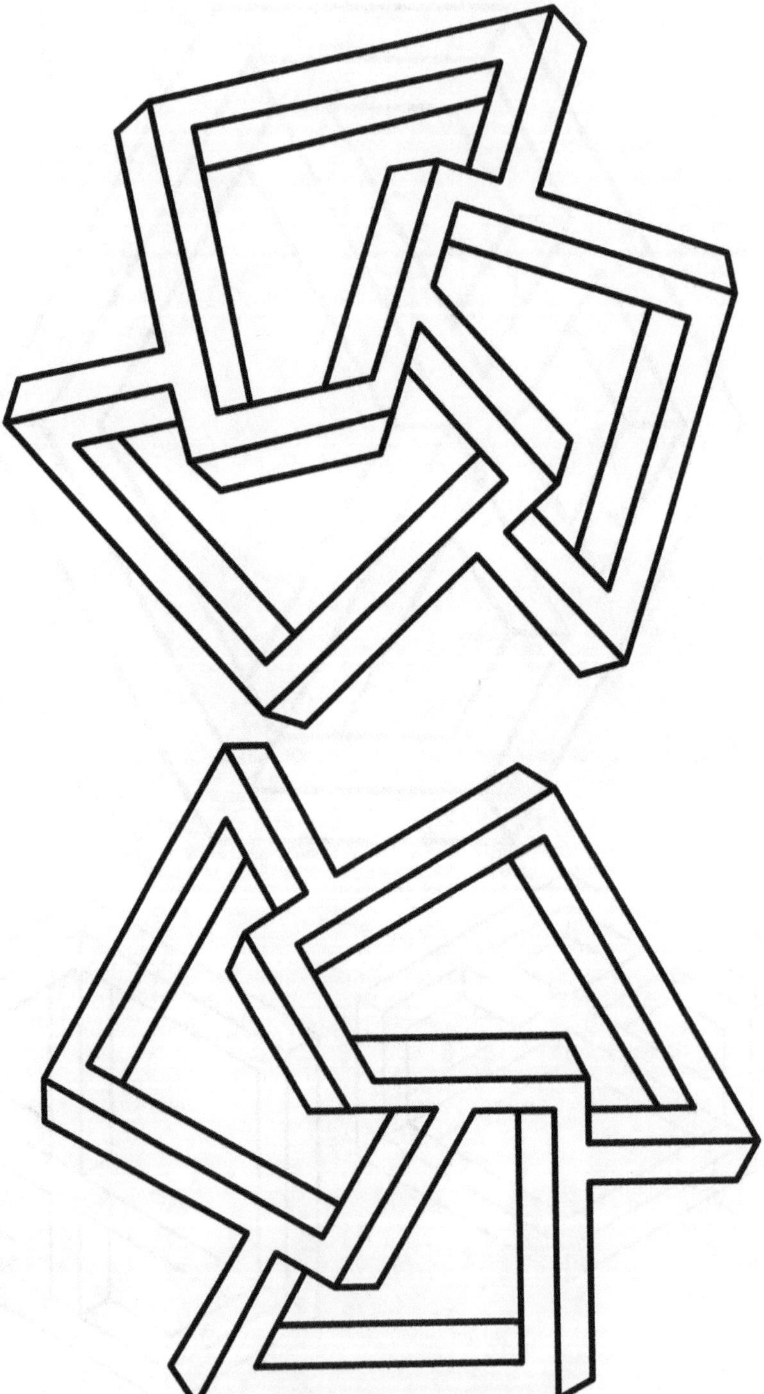

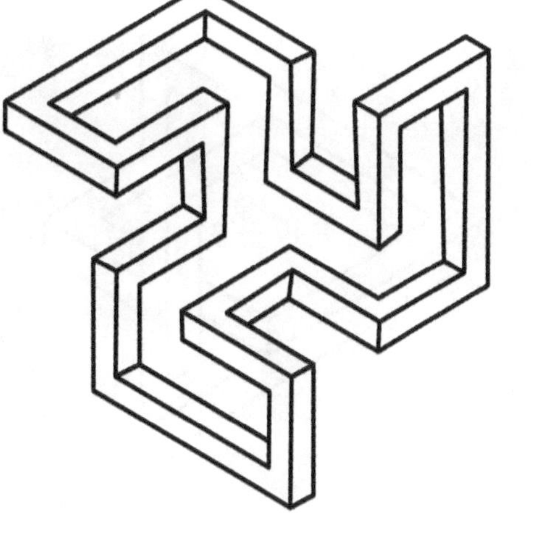

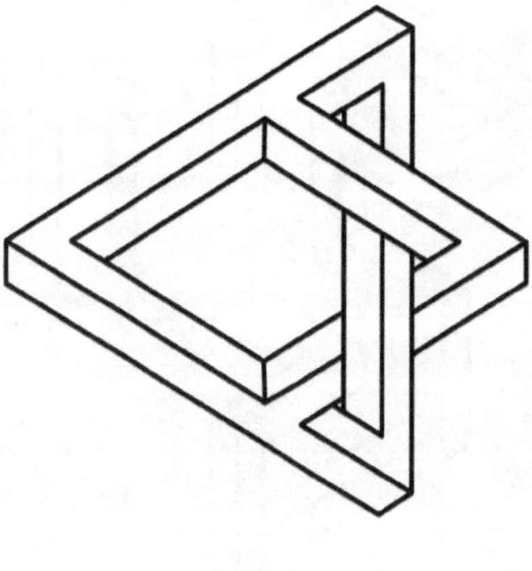

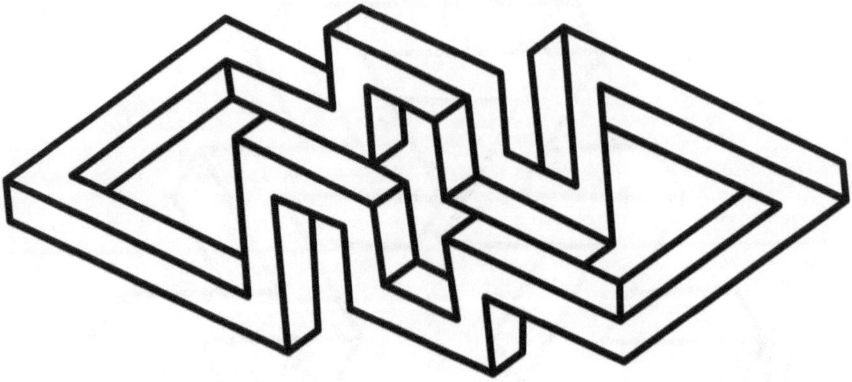

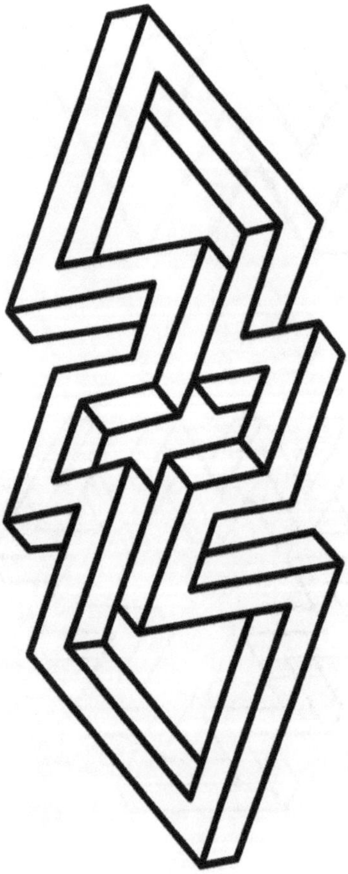

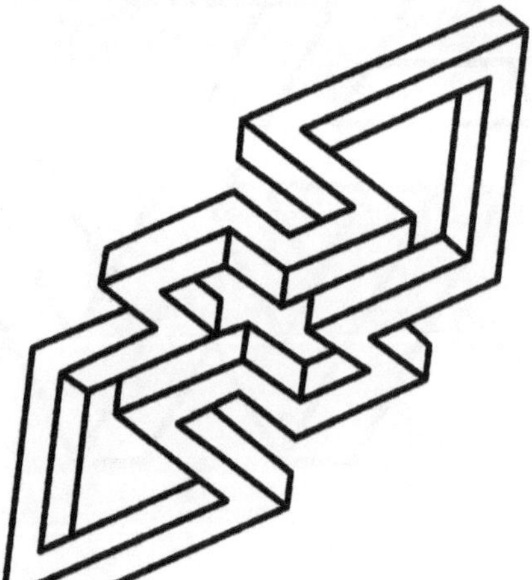

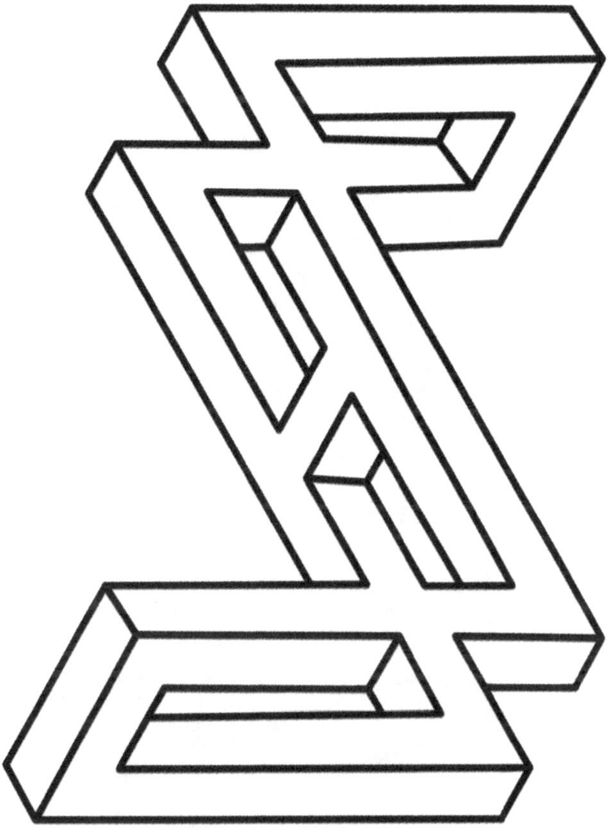

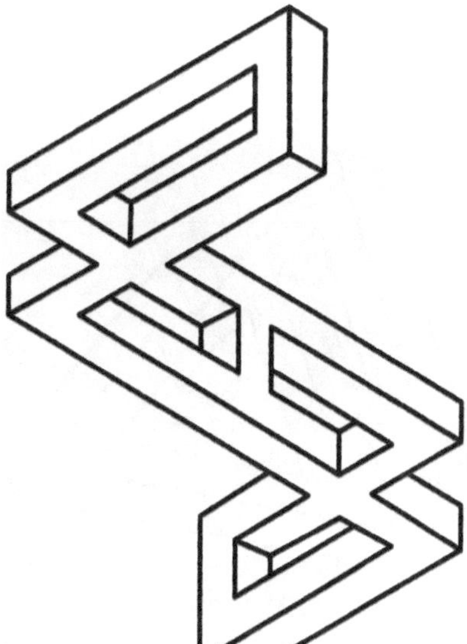

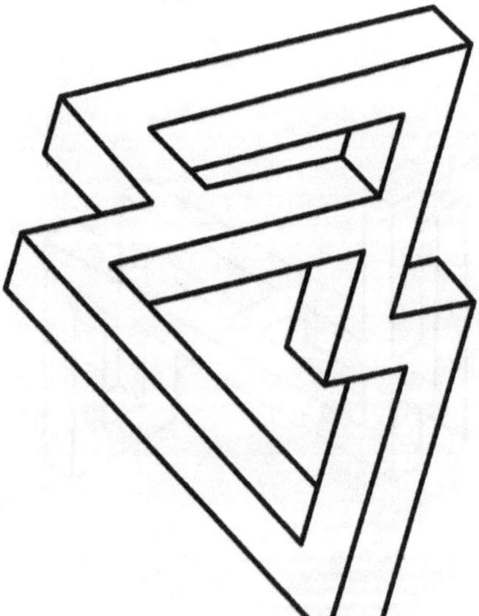

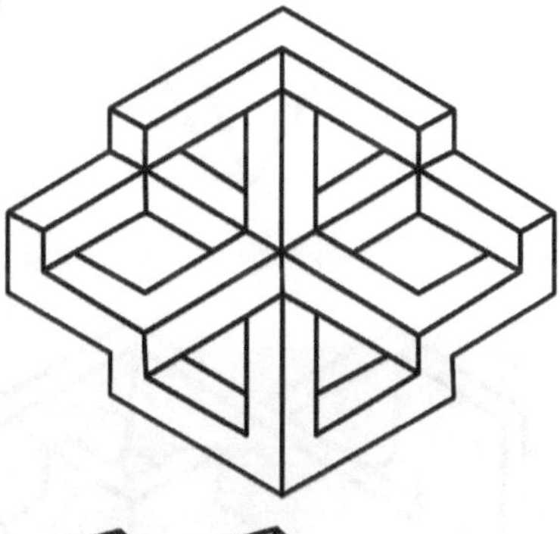

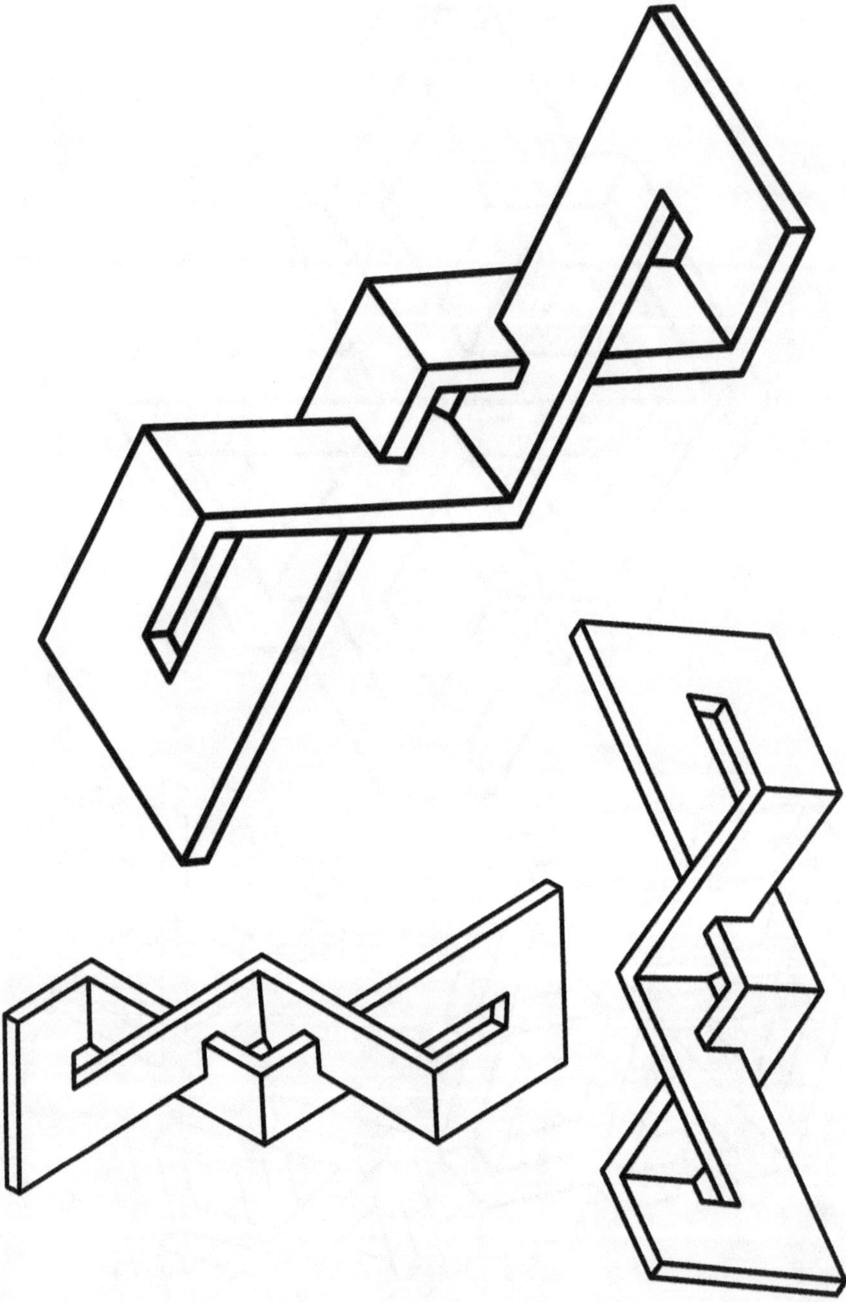

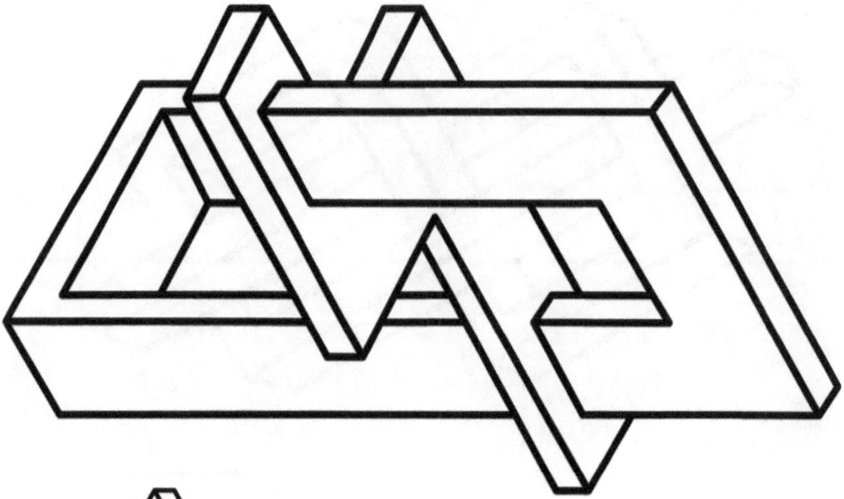

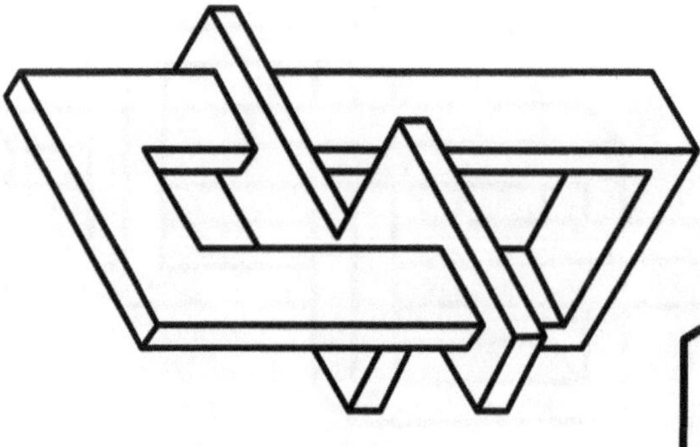

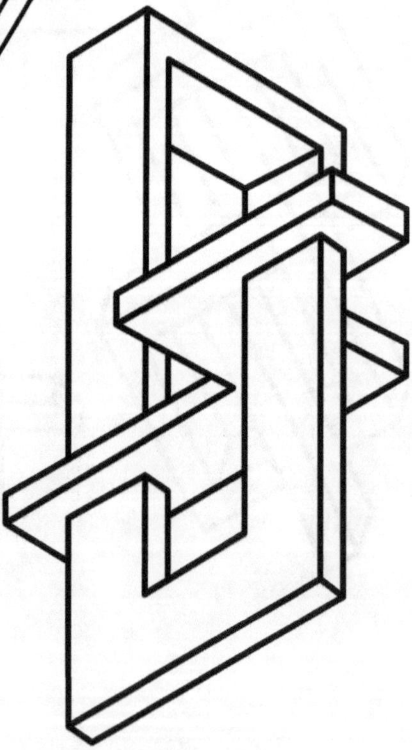

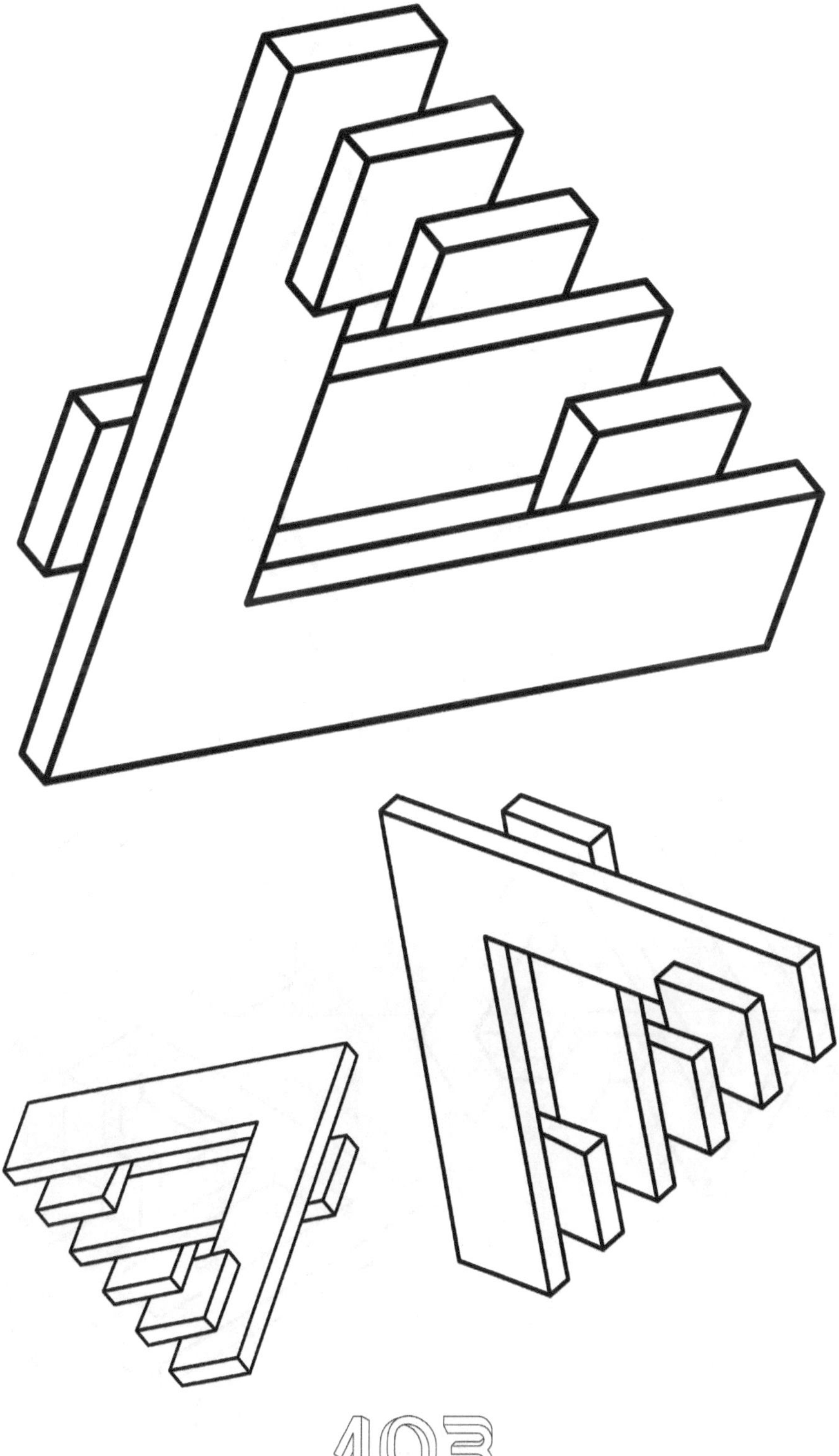

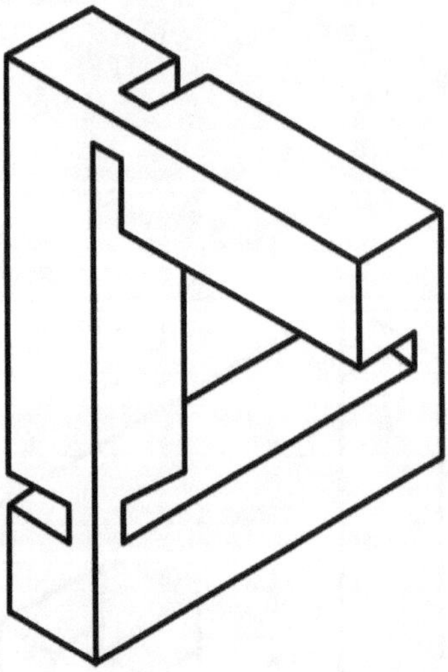

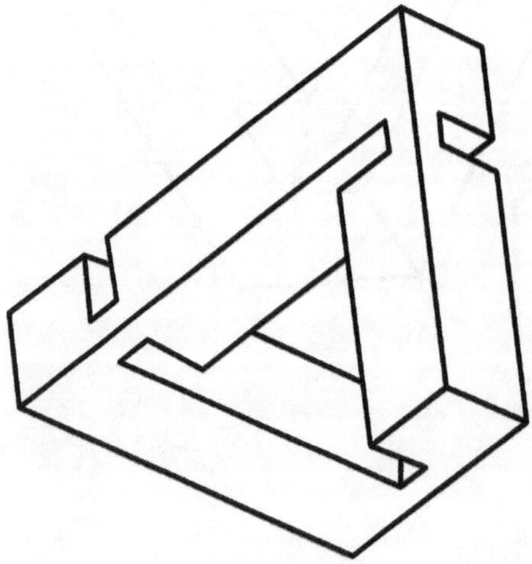

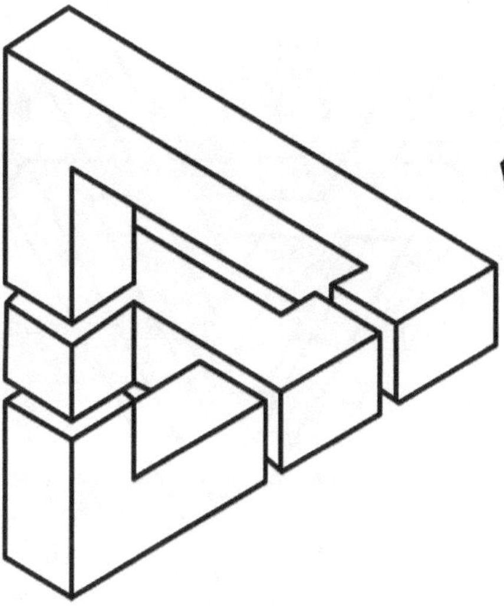

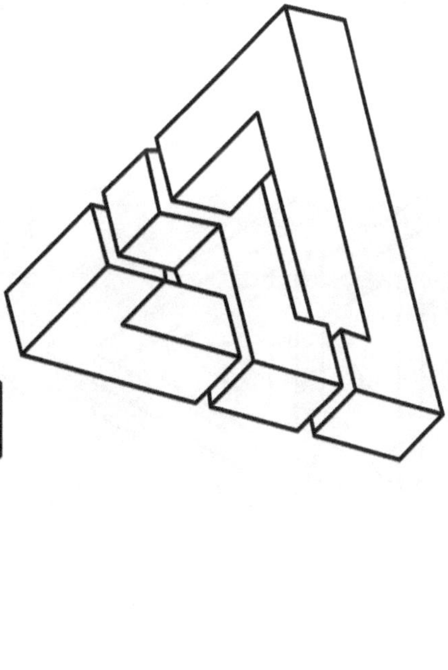

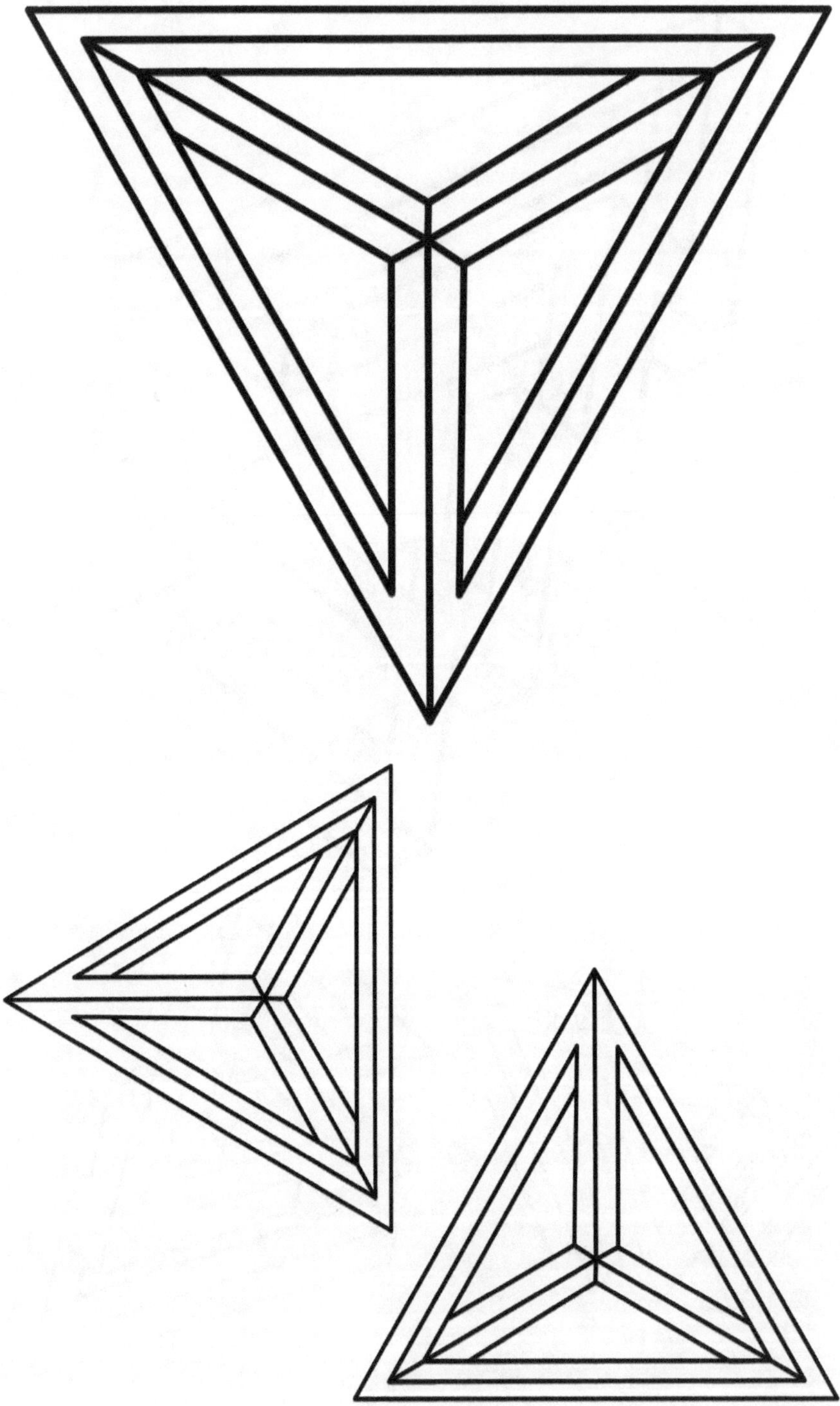

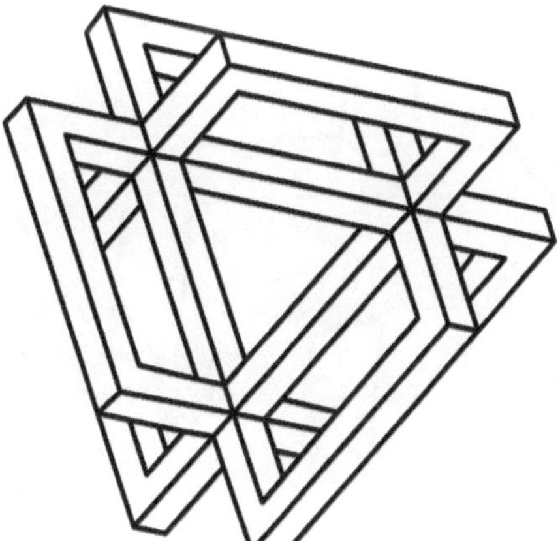

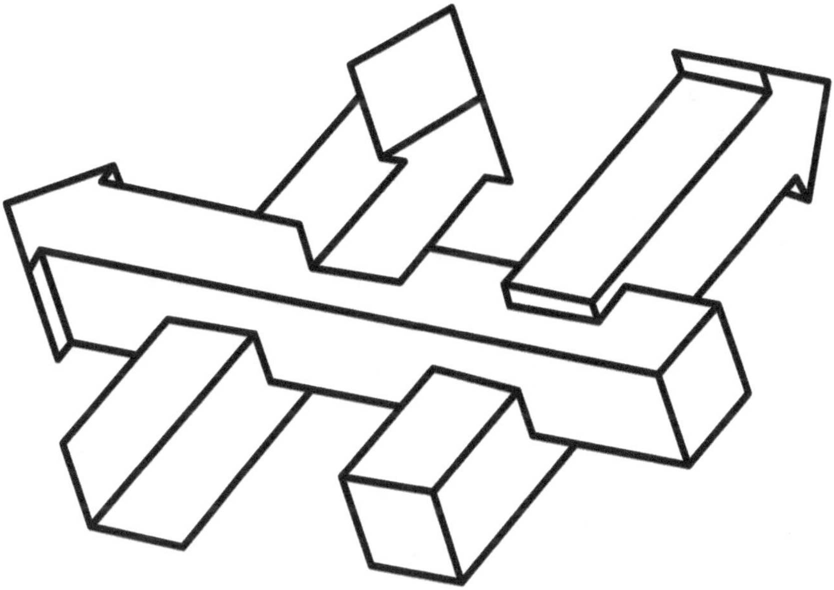

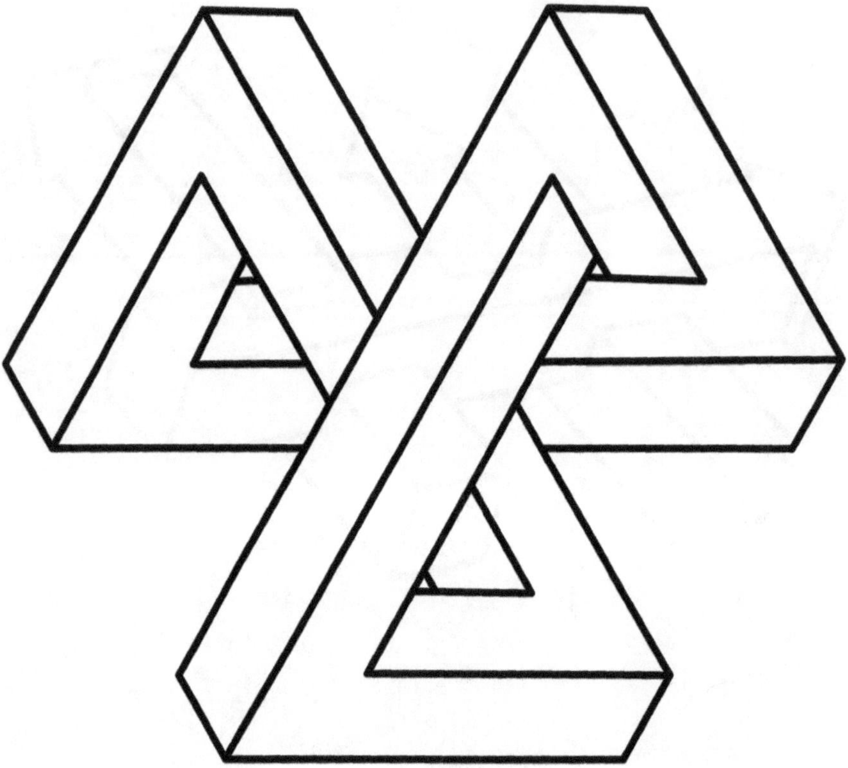

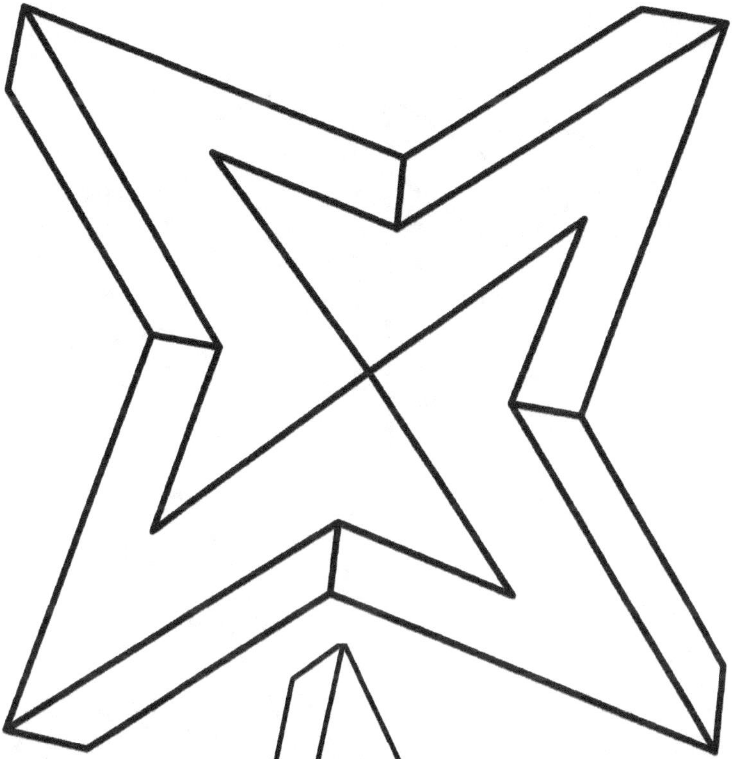

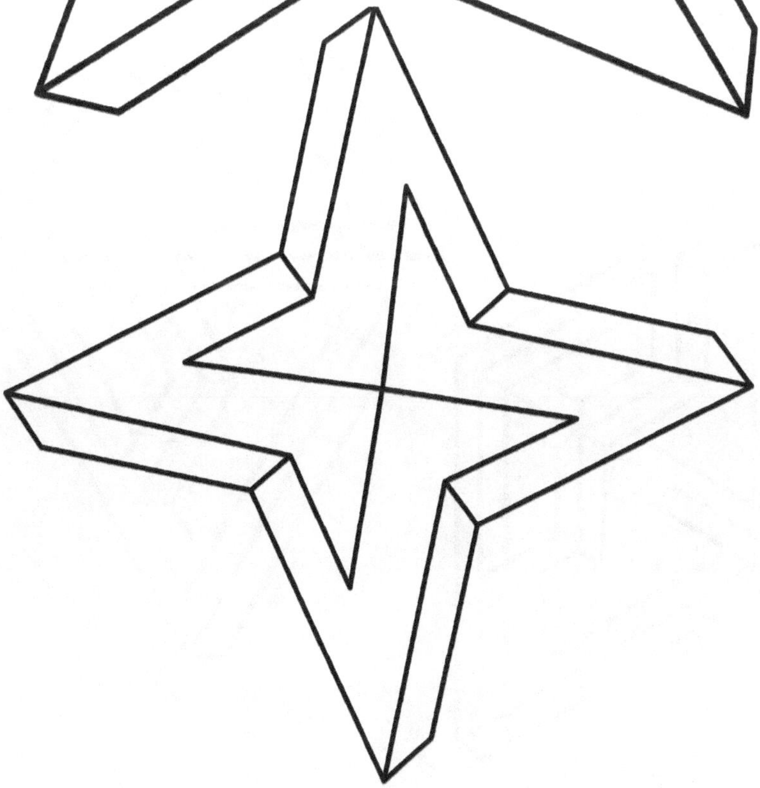

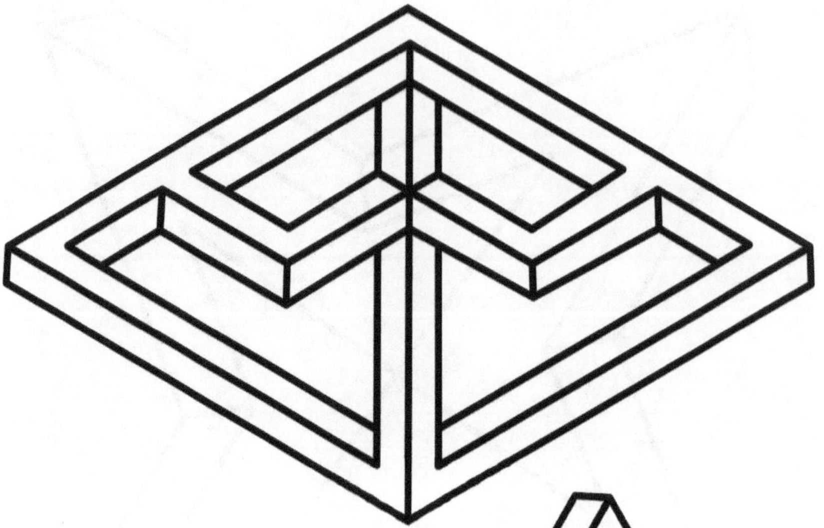

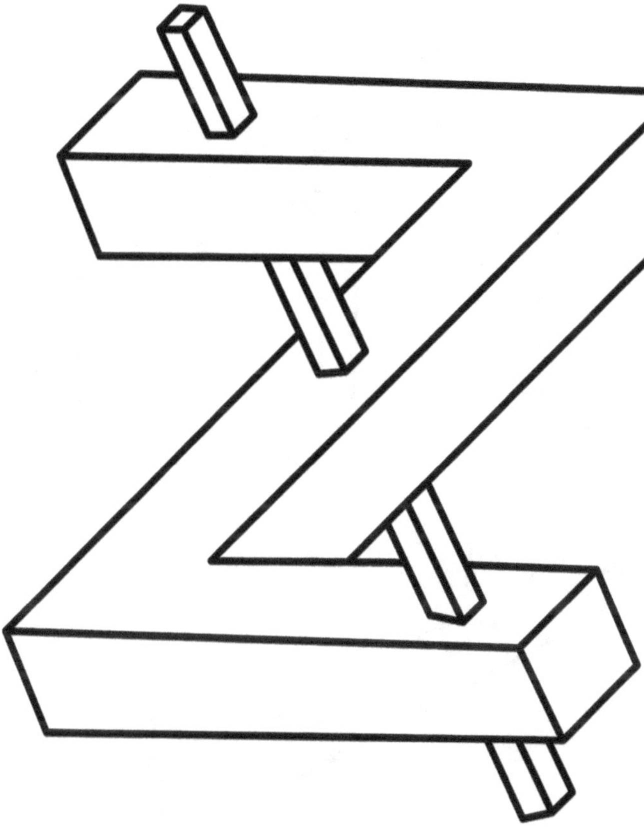

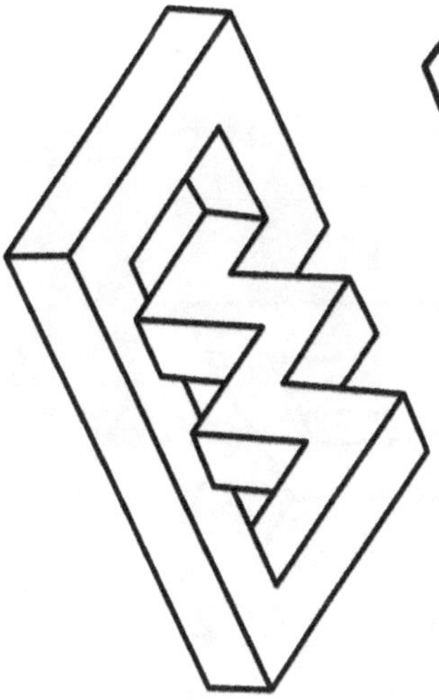

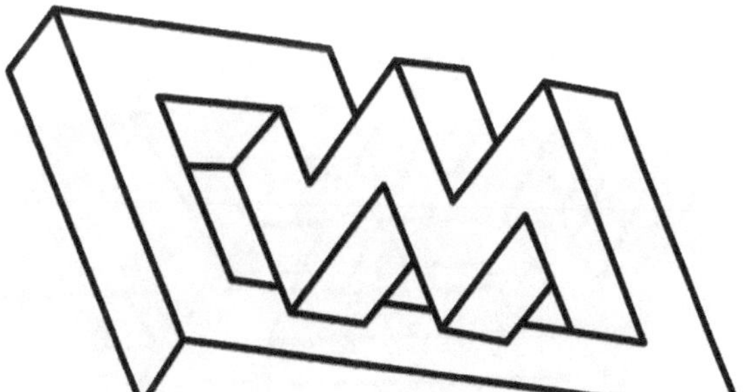

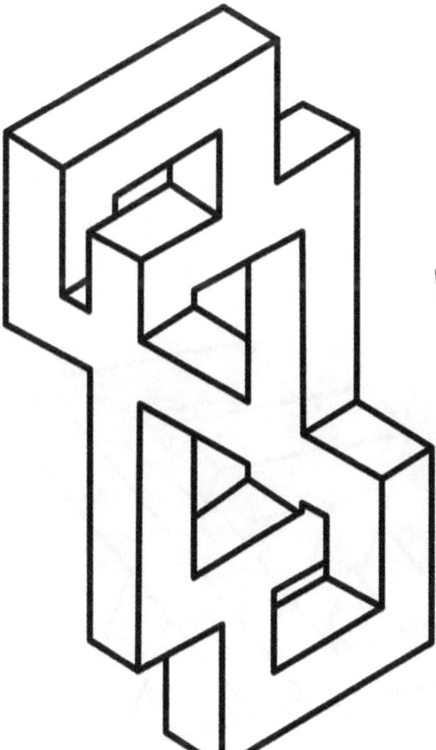

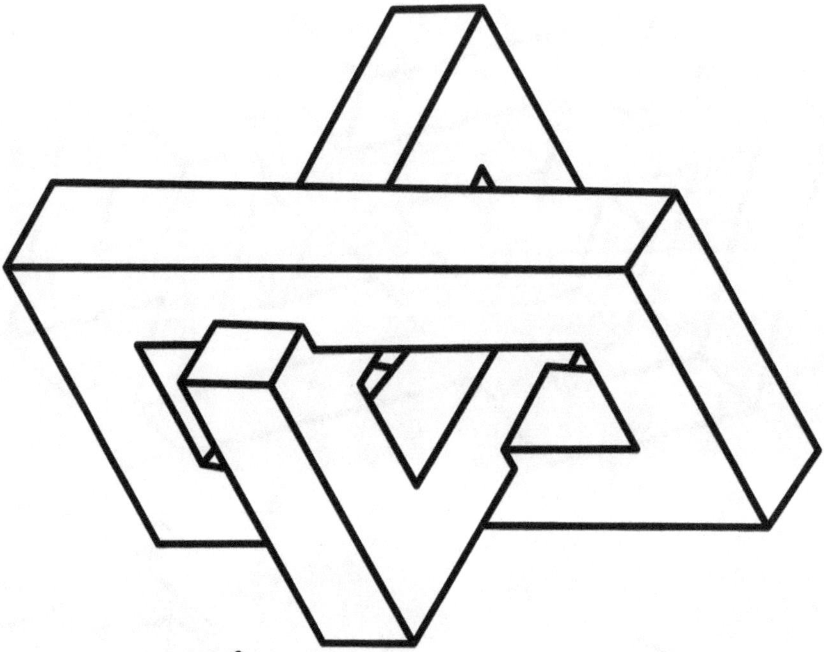

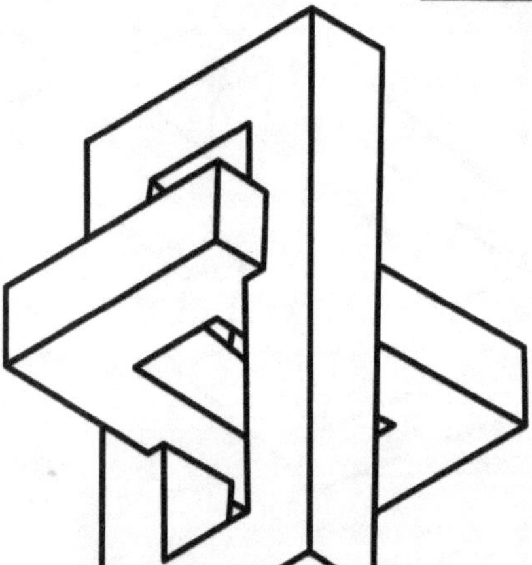

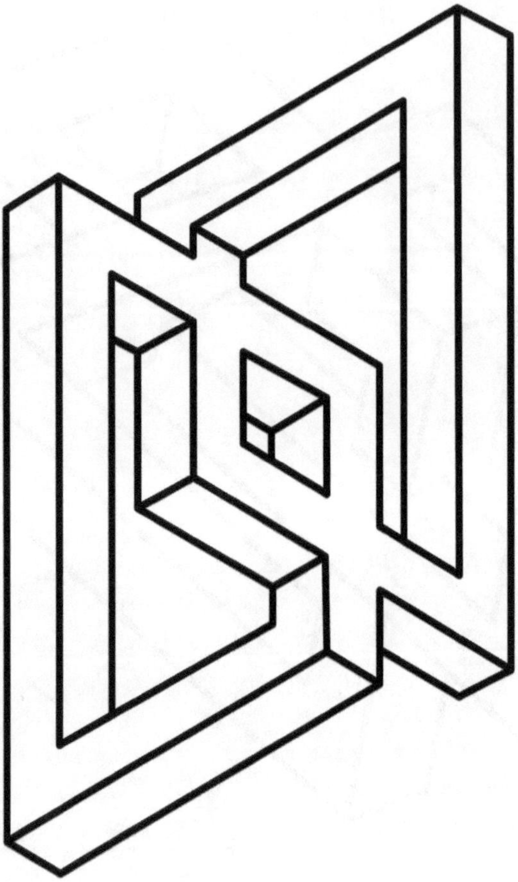

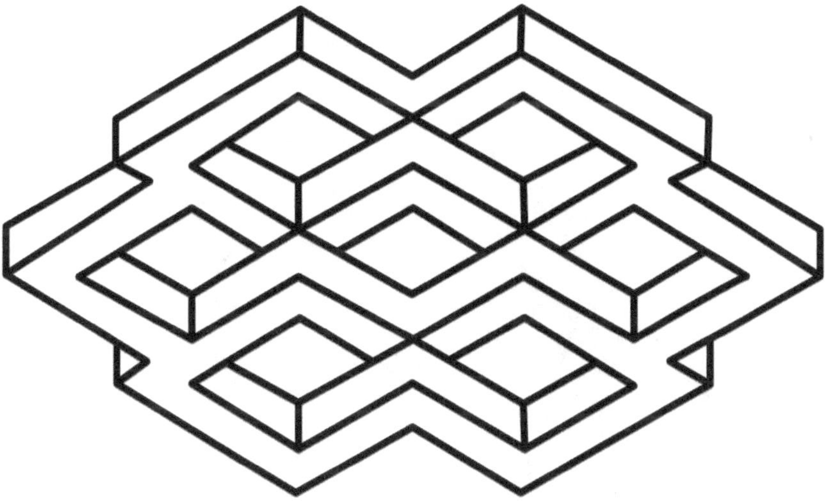

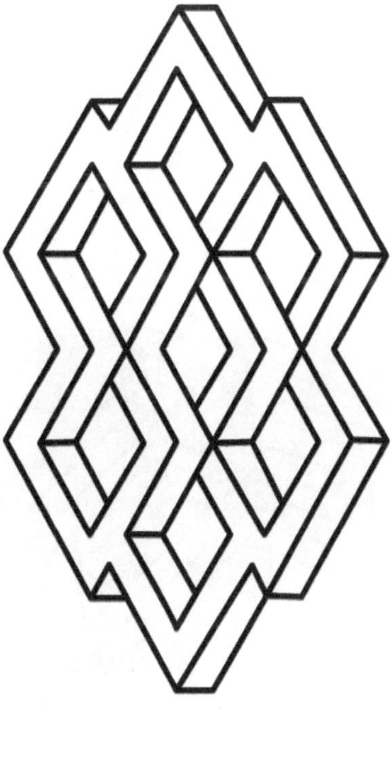

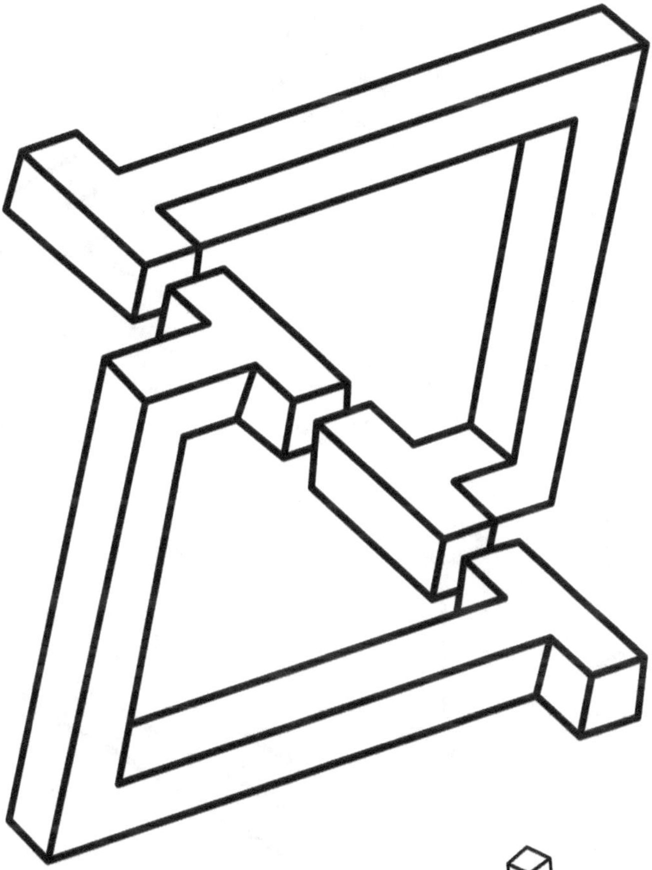

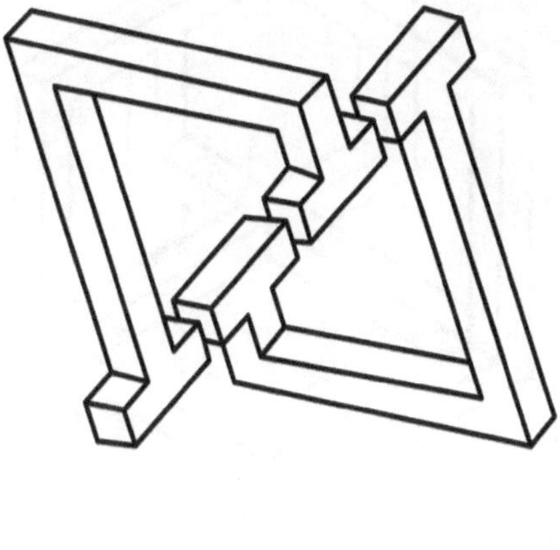

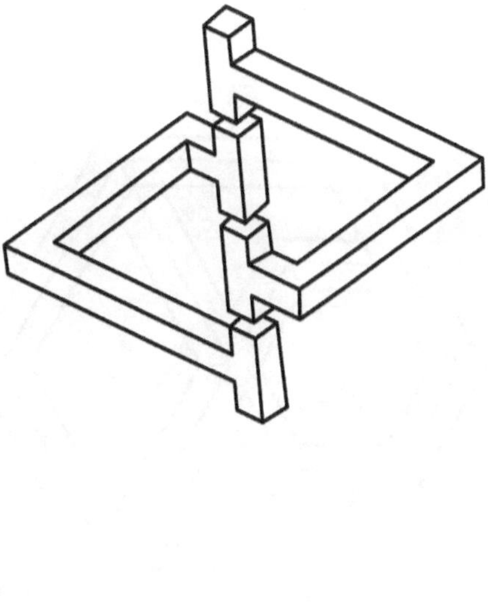

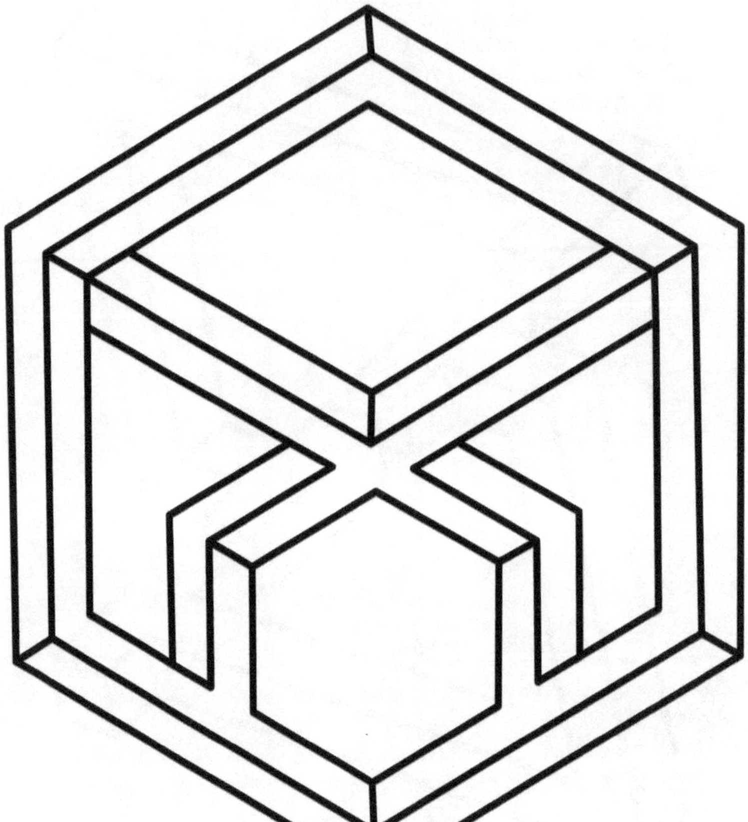

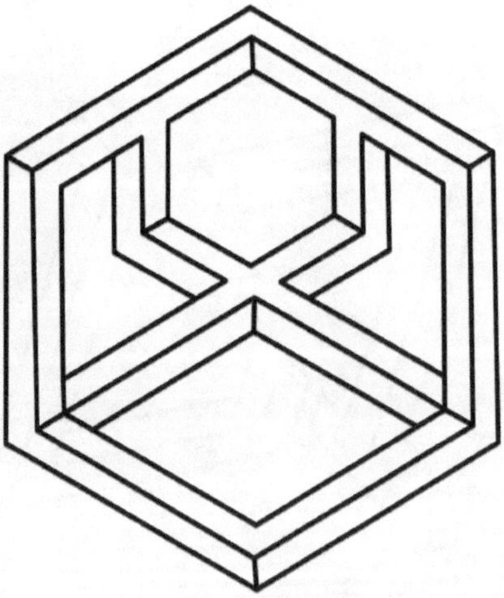

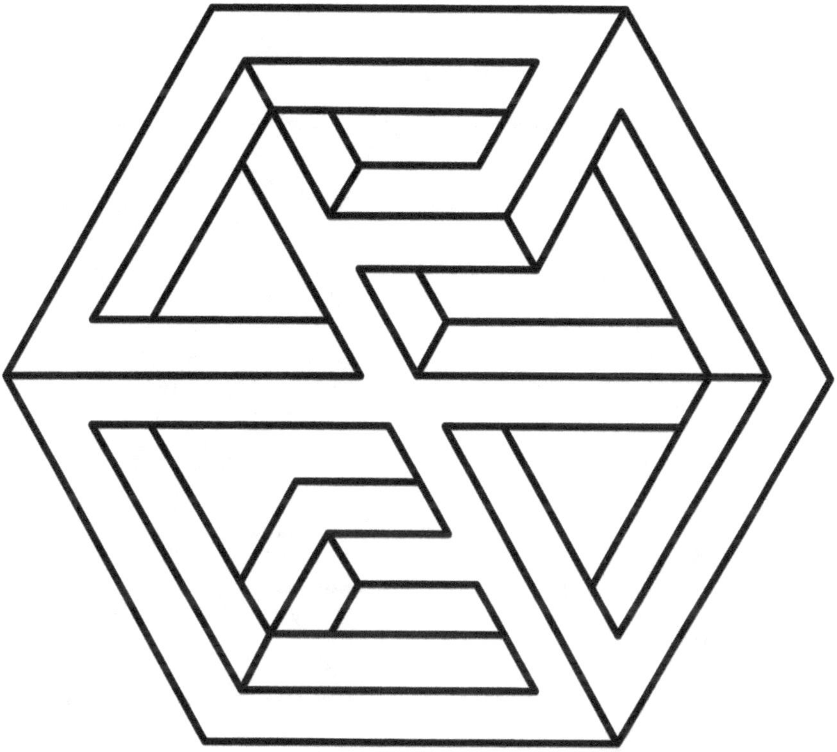

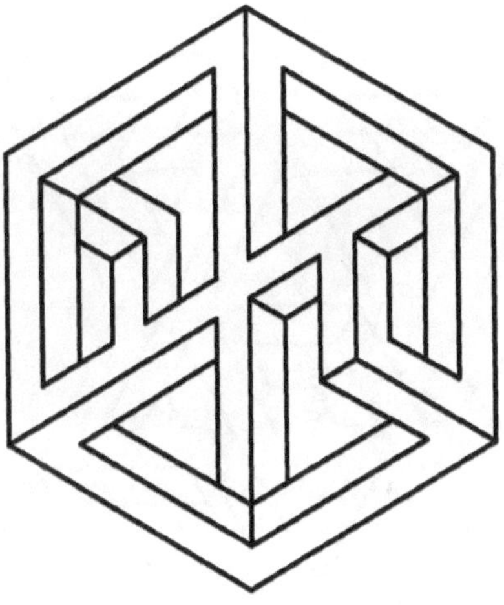

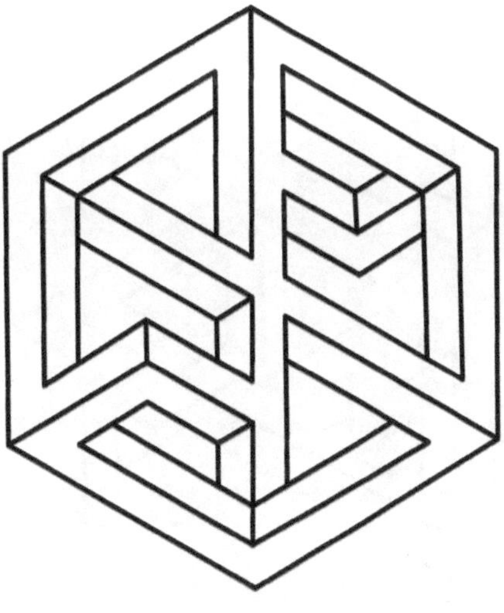

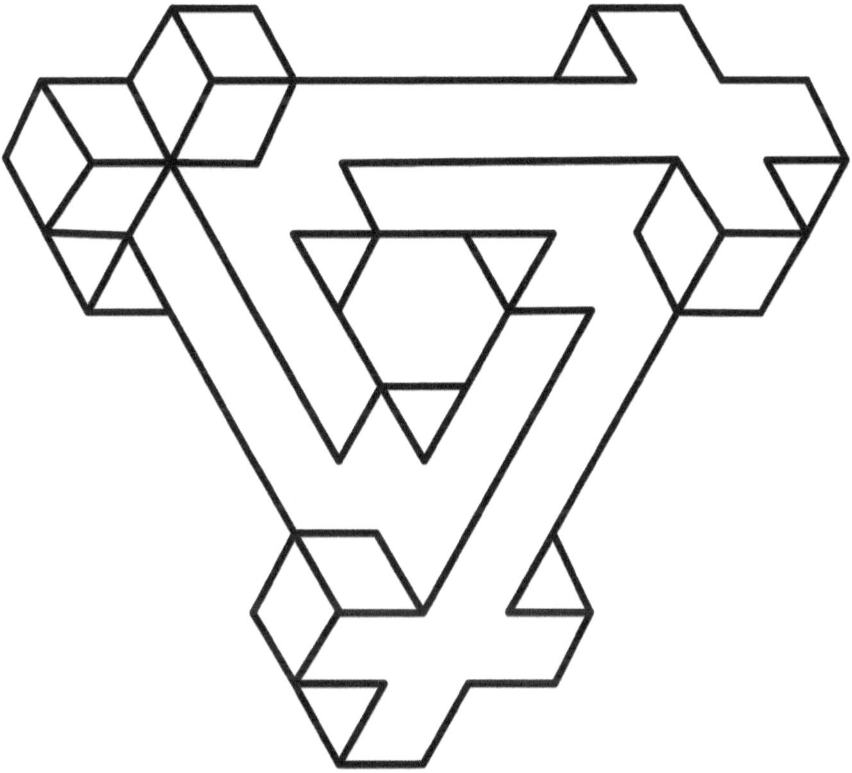

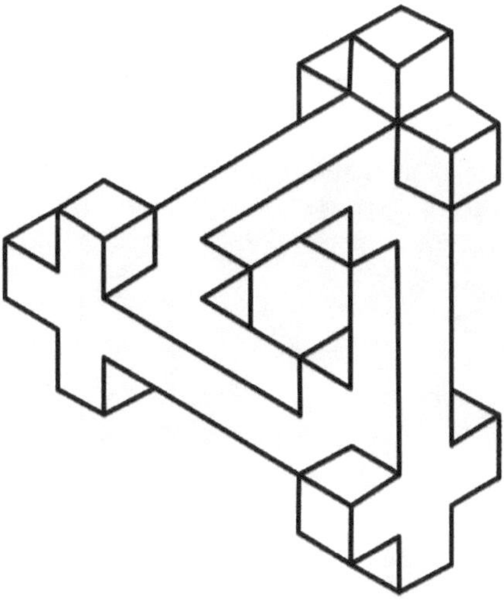

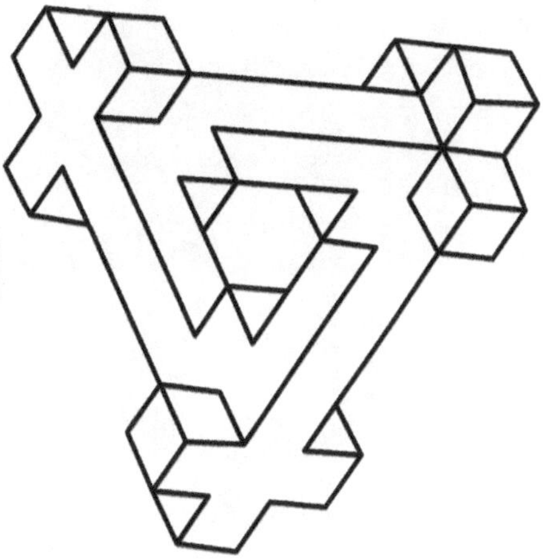

www.ingramcontent.com/pod-product-compliance
Lightning Source LLC
Chambersburg PA
CBHW030040100526
44590CB00011B/277